IG Metall-Jugend · DFG-VK
Kriegsdienstverweigerung

IG Metall-Jugend
Deutsche Friedensgesellschaft –
Vereinigte KriegsdienstgegnerInnen

Kriegsdienstverweigerung

Ein Ratgeber

Mit einem Vorwort von Klaus Zwickel

AutorInnen:
Jan Brauns, Hans Decruppe, Stephan Eschler,
Reinhard Hahn und Kathrin Vogler

Bund-Verlag

Sonderausgabe für die IG Metall-Jugend und die
Deutsche Friedensgesellschaft – Vereinigte KriegsdienstgegnerInnen

© 1996 by Bund-Verlag GmbH, Köln
Herstellung: Thomas Pradel, Frankfurt am Main
Umschlag: Angelika Richter, Heidesheim
Satz: Satzbetrieb Schäper GmbH, Bonn
Druck und Bindung: Ebner. Ulm
Printed in Germany 1996
ISBN 3-7663-2698-8

Alle Rechte vorbehalten,
insbesondere die des öffentlichen Vortrags,
der Rundfunksendung und der Fernsehausstrahlung,
der fotomechanischen Wiedergabe, auch einzelner Teile.

Vorwort

Das Recht auf Kriegsdienstverweigerung gehört heute mittlerweile zum Katalog der internationalen Menschenrechte. So hat es die Menschenrechtskommission der Vereinten Nationen 1989 festgestellt. Alle Mitgliedsstaaten der UNO wurden aufgefordert, im Rahmen der nationalen Gesetzgebung Grundlagen zur Verankerung des KDV-Rechts zu schaffen.

Dieses Menschenrecht wird jedoch nach wie vor mit Füßen getreten. In vielen Ländern bzw. Regionen der Erde sind Kriege bittere Realität, werden jene, die sich dem Kriegs- und Militärdienst entziehen wollen, geächtet und kriminalisiert oder gar gefoltert und müssen oft mit dem allerschlimmsten, dem Tod rechnen.

Es ist grotesk, daß in unserer heutigen »modernen« Welt an der Schwelle zum Jahr 2000 mehr Ressourcen darauf verwendet werden, wie menschliches Leben »durch noch treffsicherere Waffen« vernichtet werden kann, statt menschliches Leben in humaner und sozialer Hinsicht zu erhalten.

Bereits 1934 stellte Albert Einstein in »Mein Weltbild« fest: »Die Entwicklung der Technik in unserer Zeit aber macht dies ethische Postulat zu einer Existenzfrage für die heutige zivilisierte Menschheit und die aktive Teilnahme an der Lösung der Friedensprobleme zu einer gewissen Sache, der kein gewissenhafter Mensch ausweichen kann.«

Für die Gewerkschaftsbewegung ist seit jeher klar, daß es zur friedlichen Koexistenz der Völker und der Abkehr von der militärischen Logik auf Dauer keine Alternative gibt.

Das beharrliche Ringen und Überzeugen für »die andere Zukunft« verlangt Antwort auf Fragen:

- Wie muß eine zivile Politik aussehen?
- Wie kann die Idee der Völkerverständigung praktische Politik prägen?
- Wie kann die alltägliche Gewalt in einen Lernprozeß des friedlichen Engagements verändert werden?
- Wie können aus Feindbildern Freundschaftsbilder werden?

Diese Problemstellungen haben im Lebenskonzept junger Menschen einen zentralen Stellenwert. Jugendliche erkennen, daß es notwendig ist, auf die Zukunftsgestaltung Einfluß zu nehmen, um dem Vernichtungsprozeß von Mensch und Natur Einhalt zu gebieten. Kennzeichnend für einen Bewußtseinswandel der jungen Generation, der sich auch auf zahlreiche Befragungs- und Untersuchungsergebnisse stützt, sind u.a. die in dem letzten Jahrzehnt rasch gestiegenen KDV-Zahlen. Für die Gewerkschaften ist es notwendig, sich mit dieser Interessenlage junger Menschen auseinanderzusetzen.

Kriegsdienstverweigerung ist für die IG Metall nichts Neues. Seit den 60er Jahren wird für IG Metall-Mitglieder, die sich als Kriegsdienstverweigerer anerkennen lassen wollen, Rechtsschutz gewährt. Gerade junge Berufstätige bzw. Auszubildende, die in der Regel über keine höheren Bildungsabschlüsse verfügen, haben oft erhebliche Informationslücken und brauchen in besonderer Weise Information und Beratung. Schließlich können Rechte nur genutzt werden, wenn sie bekannt sind. Genau das wollen IG Metall und DFG-VK: Aufklärerisch wirken und ermutigen, eine Gewissensentscheidung zu treffen. Denn die Wahrnehmung eines Verfassungsrechts darf nicht von Bildungschancen abhängig sein.

Seit der Einführung des Grundrechts auf Kriegsdienstverweigerung in Deutschland durch den parlamentarischen Rat 1949 ist dieses Recht Angriffen, insbesondere von konservativer und reaktionärer Seite ausgesetzt. Bei der Aufnahme in die Verfassung durch die Väter und Mütter des Grundgesetzes bestand auch ein breiter Konsens. Es bestand die Hoffnung, daß dieser Verfassungsartikel eine große pädagogische Wirkung haben würde. Schließlich wurde ihre Hoffnung nicht getrübt angesichts der Verweigerungszahlen, die immer wieder neue Rekordhöhen erreichen. Dies paßt offenbar einigen nicht ins »militärisch« geprägte politische Konzept. In den 70er Jahren verstieg sich die Frankfurter Allgemeine Zeitung zu der Feststellung: »Verweigerung ist ein Attentat auf unseren Staat«. In den 80er Jahren meinte ein General, daß das Grundrecht auf Wehrdienstverweigerung im Grundgesetz gar nicht vorgesehen sei und das Gewissen »militant von Randgruppen« benutzt würde. Und jetzt, Mitte der 90er Jahre, ist es keine geringere als die Wehrbeauftragte des Deutschen Bundestages, die die Kriegsdienstverweigerer als »Generation von Egoisten« beschimpft.

Der Schritt zu verweigern als Ergebnis einer Gewissensentscheidung ist für mich Ausdruck einer tiefgreifenden Überzeugung. Wer z. B. mithilft, ältere Menschen und Behinderte zu betreuen; wer bereit ist, mehr kostbare Zeit seines Lebens für einen sozialen Dienst einzusetzen, der verdient Respekt und Unterstützung.

Klaus Zwickel
Erster Vorsitzender der Industriegewerkschaft Metall

Inhalt

Vorwort von Klaus Zwickel 5
Einleitung der AutorInnen 11
Jeder muß doch ... zum Bund 13
Geschichte eines Grundrechts 15
Zivildienst – Zuvieldienst 27
Vom Bausoldat zum Zivi 29
Bundeswehr auf Abwegen 37
Stichwort: Zukunft 46
Für den Frieden produzieren 58
KDV: Kriegsdienst verweigern! 87
KDV: Kein Thema für Frauen? 108
ZDL: Zivildienst leisten! 114
Wehrpflicht für Ausländer und Doppelstaater 133
Was tun? 141

Anhang

Gesetze 149
Dokumente 158
Adressen 174
Literaturhinweise 178
Stichwortverzeichnis 179
Autorin und Autoren 183

Einleitung

Die Geschichte dieses Buches begann mit der Zusammenarbeit der Deutschen Friedensgesellschaft – Vereinigte KriegsdienstgegnerInnen und IG Metall im Jahr 1989, als die Gewerkschaft und die Friedensgesellschaft der Öffentlichkeit eine Informationskampagne zum Thema Kriegsdienstverweigerung vorstellten. Im Rahmen dieser Kampagne wurden innerhalb von 6 Jahren insgesamt 46000 Broschüren unter dem Titel »Für die andere Zukunft – Kriegsdienstverweigerung« verbreitet – eine Zahl, die kein anderer KDV-Ratgeber in so kurzer Zeit erreichen konnte.

Als wir 1989 ins Vorwort schrieben, in der ersten Million Kriegsdienstverweigerer seit Bestehen der Bundesrepublik werde »das Bewußtsein vieler Jugendlicher deutlich, der Politik der Aufrüstung sowie dem Militär eine Absage zu erteilen«, ahnten wir nicht, daß sich diese Zahl bis heute verdoppelt haben würde – in nur sieben Jahren machten ebensoviele Wehrpflichtige vom Recht auf Kriegsdienstverweigerung Gebrauch, wie in den 40 Jahren davor. Zwei Millionen Kriegsdienstverweigerer: das sind zwei Millionen persönlicher Friedenserklärungen. Für uns ist diese Tatsache ein ermutigendes Zeichen für die Bereitschaft Jugendlicher, sich zu engagieren. Und auch das ist klar: Diejenigen, die zum »Bund« gehen, sind in der Regel nicht die »Kriegswilligen«. Wie Untersuchungen belegen, denken und fühlen sie oft genauso, wie diejenigen, die verweigern.

Die erste Auflage der Broschüre war noch Anlaß erregter öffentlicher Debatten – sogar der Bundestag beschäftigte sich in einer aktuellen Stunde damit. Bundeskanzler Kohl verunglimpfte den

Versuch, junge Arbeitnehmer über ihr Grundrecht auf Kriegsdienstverweigerung aufzuklären, gar als »Generalangriff auf unsere Bundeswehr«. Nun erscheint der Ratgeber erstmals in Zusammenarbeit mit dem Bund-Verlag als Taschenbuch in einer völlig überarbeiteten, neuen Fassung.

Ein Buch zur Kriegsdienstverweigerung – ist das überhaupt noch nötig? Sind doch zum einen die Zahlen der Kriegsdienstverweigerer seit Jahren steigend und sind es zum anderen derzeit ganz andere Themen, welche die Öffentlichkeit bewegen. Während der Krieg am Golf 1990/91 noch eine Welle öffentlicher Proteste auslöste und die Zahl der Verweigerer vor allem unter den Reservisten in die Höhe schnellen ließ, scheint die derzeitige Ausweitung des Bundeswehrauftrags auf Interventionen in aller Welt die Herzen und Köpfe vergleichsweise wenig zu bewegen.

Wir meinen jedoch, daß die Notwendigkeit für ein solches Buch eher noch zugenommen hat. Unser Ziel ist es, insbesondere junge ArbeitnehmerInnen über die Geschichte und Gegenwart des Rechts auf Kriegsdienstverweigerung, über das Verfahren und den Zivildienst ebenso zu informieren, wie über Rüstungsproduktion und -export, militärische Verplanung von Frauen und die Probleme ausländischer Kriegsdienstverweigerer. Aber wir wollen auch, über die reine Information hinaus, Zusammenhänge verdeutlichen und zum eigenen Handeln ermutigen, ob im Betrieb, in der Berufsschule oder in der Freizeit, ob individuell oder gemeinsam mit anderen.

Gewerkschaften und Friedensbewegung eint das Streben nach einer Welt, die nicht vom Recht des Stärkeren, von Ellbogenmentalität und Unterdrückung beherrscht wird, sondern auf den Prinzipien der Gerechtigkeit, des Friedens und der Solidarität gründet. Wir wünschen uns, daß dieses Buch einen kleinen Beitrag zur Verwirklichung dieser »anderen Zukunft« leisten kann.

Jeder muß doch ... zum Bund

Jeder muß doch zum Bund – so ist auch heute noch vielfach die allgemeine Meinung unter ArbeitskollegInnen, FreundInnen, Eltern und LehrerInnen.

»Wehrpflichtig sind alle Männer vom vollendeten 18. Lebensjahr an, die Deutsche im Sinne des Grundgesetzes sind«,

so lautet § 1 Absatz 1 des Wehrpflichtgesetzes.

Demgemäß wirst du als Wehrpflichtiger erfaßt, gemustert und auf Wehrtauglichkeit untersucht, machst eine Eignungs- und Verwendungsprüfung und mußt zur Bundeswehr. Mußt du wirklich?
Wer zwingt dich? Mußt du nicht selbst entscheiden, Dienst bei der Bundeswehr zu leisten oder den Kriegsdienst zu verweigern? Kann dir jemand diese Entscheidung abnehmen? Unsere Väter, Großväter und Urgroßväter mußten im Ersten oder Zweiten Weltkrieg Soldat sein. Sie lebten unter anderen geschichtlichen, gesellschaftlichen, politischen und rechtlichen Verhältnissen. Sie wurden zum Kriegsdienst gezwungen, und dies in zweifacher Weise:

- Jeder Versuch, »Nein!« zu sagen, war mit schwerster Strafe bedroht, bis hin zur Todesstrafe.
- Viele Soldaten der Weltkriege waren aufgehetzt und verblendet durch Nationalismus und Militarismus, durch rassistische und antikommunistische Vorurteile. Viele handelten in der Überzeugung, für das »Vaterland« zu kämpfen. In Wirklichkeit wurden sie

mißbraucht für das schlimmste Verbrechen an der Menschheit: den Krieg.

Heute wissen wir: Ein Krieg mit modernen Waffen bedeutet das Ende der Menschheit. Immer mehr Waffen schaffen nicht mehr, sondern weniger Sicherheit. Wir können uns in den Medien und durch Reisen über andere Völker, Staaten und Gesellschaftssysteme informieren. Jede und jeder kennt inzwischen Menschen ausländischer Herkunft und weiß deshalb, daß man Feindbildern nicht trauen darf.

Du hast heute das Recht, »Nein!« zu sagen. Niemand hat das Recht, dich zum Kriegsdienst zu zwingen, wenn dir dein Innerstes, dein Gewissen, dies verbietet.

> »Niemand darf gegen sein Gewissen zum Kriegsdienst mit der Waffe gezwungen werden.«
> Artikel 4 Absatz 3 Satz 1 des Grundgesetzes für die Bundesrepublik Deutschland vom 23. Mai 1949

Dieses Grundrecht gilt jederzeit und für jeden – ob du erfaßt oder schon gemustert bist, ob du bei der Bundeswehr bist oder den Grundwehrdienst schon geleistet hast. Jederzeit. Es gilt gleichermaßen für Wehrpflichtige wie für Zeit- oder Berufssoldaten.

Geschichte eines Grundrechts

Nie wieder Faschismus!
Nie wieder Krieg!

Nachdem die faschistische deutsche Wehrmacht den Zweiten Weltkrieg geführt hatte und ganz Europa in Schutt und Asche lag, nach dem Ende des Krieges und der bedingungslosen Kapitulation Hitlerdeutschlands am 8. Mai 1945 war die Ablehnung von Militär noch allgemein. PolitikerInnen aller demokratischen Parteien sprachen sich gegen eine Wiederaufrüstung aus. Zum Beispiel der Sozialdemokrat Carlo Schmid im Jahre 1946:

> »*Wir wollen unsere Söhne niemals mehr in die Kasernen schicken, und wenn noch einmal irgendwo der Wahnsinn des Krieges ausbrechen sollte, dann wollen wir eher untergehen und dabei das Bewußtsein haben, daß nicht wir Verbrechen begangen und gefördert haben. In einem wollen wir kategorisch sein: Wir wollen in Deutschland keinen Krieg mehr führen, und wir wollen darum auch keine Vorbereitungen treffen, die das Kriegführen ermöglichen können, weder im politischen noch im wirtschaftlichen Sinne...*«

Selbst der spätere Verteidigungsminister und CSU-Vorsitzende Franz Josef Strauß distanzierte sich öffentlich von Aufrüstungsplänen. 1949 schwor er im Wahlkampf zum 1. Bundestag:

> »*Wer noch einmal ein Gewehr in die Hand nehmen will, dem soll die Hand abfallen.*«

Konrad Adenauer (CDU), der erste Bundeskanzler, sagte im selben Jahr:

> »Wir wollen an keinem neuen Krieg teilnehmen. Wir haben genug Tote gehabt.«

Debatte über Kriegsdienstverweigerung im Parlamentarischen Rat (1949)

Obwohl sich alle maßgeblichen PolitikerInnen gegen Krieg und neuerliche Aufrüstung aussprachen, kam es gleichwohl bei der Schaffung des Grundgesetzes im Parlamentarischen Rat wiederholt zum Grundsatzstreit über das Recht auf Kriegsdienstverweigerung (KDV), das von der SPD eingebracht worden und zum damaligen Zeitpunkt bereits in einer Reihe von Länderverfassungen verankert war. Der spätere erste Bundespräsident, Dr. Theodor Heuss, erklärte am 18. Januar 1949 in der 43. Sitzung des Hauptausschusses deutlich seine Ablehnung eines umfassenden Kriegsdienstverweigerungsrechts.

> »Ich bitte, den Absatz (zur KDV) zu streichen. Ich will keine große Debatte darüber entfachen, aber ein paar Dinge dazu sagen ... Die allgemeine Wehrpflicht ist das legitime Kind der Demokratie, seine Wiege stand in Frankreich. Mir scheint es unmöglich zu sein, daß wir in diesem Augenblick, in dem wir eine neue Fundamentierung des Staates vornehmen wollen..., daß wir in dieser Situation nun mit einer solchen Deklaration kommen. Sie ist dann eine berechtigte Angelegenheit, wenn man sich entschließt, das in irgendeinem Gesetz zu machen, wie es für die Quäker, die Mennoniten und so weiter in der angelsächsischen Welt vorliegt. Aber wenn wir jetzt hier einfach das Gewissen einsetzen, werden wir im Ernstfall einen Massenverschleiß des Gewissens

verfassungsmäßig festlegen ... Ich bin also der Meinung, daß wir diesen Satz aus der Verfassung herausnehmen sollten ...!«

Antwort des Abgeordneten Dr. Fritz Eberhard (SPD):

»... bin ich gerade nach diesem furchtbaren Krieg und nach dem totalitären System dafür, einen solchen Satz hier einzufügen. Herr Dr. Heuss, Sie sprachen von einem Massenverschleiß des Gewissens, den Sie befürchten. Ich glaube, wir haben hinter uns einen Massenschlaf des Gewissens. In diesem Massenschlaf des Gewissens haben die Deutschen zu Millionen gesagt: Befehl ist Befehl! und haben daraufhin getötet. Dieser Absatz kann eine große pädagogische Wirkung haben, und wir hoffen, er wird sie haben ... Darum glaube ich, gerade in dieser Situation nach dem Krieg und nach dem totalitären System, wo wir Schluß machen müssen mit der Auffassung: Befehl ist Befehl! – wenn wir nämlich die Demokratie aufbauen wollen – ist dieser Absatz angebracht!«

Vorsitzender Dr. Schmid:

»Ich lasse über den Antrag des Kollegen Dr. Heuss abstimmen, den Absatz (zur KDV) zu streichen. – Der Antrag ist mit 15 gegen 2 Stimmen abgelehnt.«

In der Folgezeit gab es zwei weitere Anträge der F.D.P. und zwei der CDU/CSU im Parlamentarischen Rat, das Recht auf Kriegsdienstverweigerung aus der Verfassung zu streichen. Sie wurden abgelehnt. Am 23. Mai 1949 trat dann auch das Recht auf Kriegsdienstverweigerung im Artikel 4 Absatz 3 als Bestandteil des Grundgesetzes in Kraft. Die Entstehungsgeschichte dieses Grundrechts verdeutlicht, daß die »Väter und Mütter« des Grundgesetzes noch mehrheitlich eine antimilitaristische und antifaschistische

Grundentscheidung treffen wollten. Die Vergangenheit sollte sich nicht wiederholen.

Wiederaufrüstung und Kalter Krieg

Während für die Öffentlichkeit antimilitaristische Erklärungen abgegeben wurden, bereiteten Politiker der CDU/CSU insgeheim die Remilitarisierung der Bundesrepublik vor (vgl. Ulrich Albrecht, Die Wiederaufrüstung der BRD, Köln 1980).

Am 22. November 1949 unterzeichnete Adenauer den ersten internationalen Vertrag, das sogenannte »Petersberg-Abkommen«, worin es unter anderem heißt:

>*»die Bundesregierung erklärt ferner ihre Entschlossenheit, die Entmilitarisierung des Ruhrgebiets aufrechtzuerhalten und mit allen ihr zur Verfügung stehenden Mitteln die Neubildung irgendwelcher Streitkräfte zu verhindern.«*

Was die Öffentlichkeit zu jenem Zeitpunkt nicht wußte und erst am 26./27. Januar 1952 in einem Bericht des »Generalanzeigers für Bonn« erfuhr, war, daß Adenauer bereits im Jahre 1948 den früheren Hitlergeneral Speidel beauftragt hatte, eine »Denkschrift« über die vergleichsweisen Stärken der europäischen Armeen und Vorschläge für einen deutschen Verteidigungsbeitrag auszuarbeiten. 1949 gab Adenauer dann ein weiteres, ebenfalls zunächst geheimes Wehrgutachten in Auftrag, ebenfalls bei einem früheren Hitleroffizier, dem General von Manteuffel. Es war die Zeit des sich anbahnenden »Kalten Krieges«, der beginnenden Ost-West-Konfrontation, der US-Politik des »roll back« (Zurückrollen) des Kommunismus, der sich die bundesdeutsche Regierung unter Adenauer nicht entziehen konnte und die sie aktiv mit betrieb.

»Wenn man keine militärische Kraft besitzt, kann man keine Politik machen, ohne Kraft wird unser Wort nicht beachtet«,

meinte Konrad Adenauer 1952. Er sah also in einer neuen Armee nicht vorrangig ein Instrument der Verteidigung, sondern der Machtpolitik. Dies stand in Einklang mit Überlegungen in den USA, über die die amerikanische Zeitschrift »US News and World« bereits im Oktober 1948 berichtet hatte:

»Militärische Führer der Vereinigten Staaten befürworten ein starkes Deutschland. Sie würden die Deutschen, wenn das ohne Verschärfung der Gefahr eines plötzlichen Kriegsausbruches möglich sein sollte, gern wieder bewaffnen. Sie sehen in Deutschland ein militärisches Potential, das viel größer ist als im übrigen Europa.«

Welche Ziele die USA damals verfolgten und wozu sie ein »militärisches Potential Deutschland« benötigten, zeigen die offiziellen US-Atomkriegspläne mit den Codenamen »Dropshot« und »Offtackle« aus dem Jahr 1949, die Anfang der 80er Jahre bekannt wurden:

»Das politische Ziel des Planes besteht in der Ausrottung des Bolschewismus durch die militärische Zerschlagung der UdSSR und ihrer Verbündeten, und in der Wiederherstellung der alten Wirtschaftsform ... Die Atombombe ist ein ausschlaggebender Faktor der alliierten militärischen Macht in der kriegerischen Auseinandersetzung mit der UdSSR.«

(vgl. »Der Plan Dropshot«, in: Bernd Greiner, Amerikanische Außenpolitik, Köln 1982)

Vor diesem Hintergrund wird verständlich, daß der erste Verteidigungsminister, Franz Josef Strauß (CSU), am 13. November 1956 erklären konnte:

»Wir leben in einem technischen Zeitalter, in dem die vereinigte Stärke unserer Bundesgenossen ausreicht, um das Reich der Sowjetunion von der Landkarte streichen zu können.«

Mit dieser offenkundig aggressiven Zielsetzung wurde zunächst geheim, später in aller Öffentlichkeit, die Wiederaufrüstung vorbereitet. Trotz millionenfacher Proteste aus allen politischen Bereichen, der Friedensbewegung, der Gewerkschaften, aus Kreisen der Kirchen und der Jugendverbände wurde 1955 das Grundgesetz geändert und die Bundeswehr eingeführt. 1956 folgte die Wehrpflicht per Gesetz. Die DDR stellte ihrerseits die Nationale Volksarmee auf. Die BRD trat der 1949 gegründeten NATO bei. Im Osten wurde 1955 der Warschauer Vertrag gegründet, dem die DDR beitrat. Es begann ein Wettrüsten, das dazu führte, daß schließlich auf deutschem Boden die größte Militär- und Waffendichte der ganzen Welt herrschte. Otto Brenner, der erste Vorsitzende der IG Metall nach dem Krieg, kommentierte 1956 diese Vorgänge:

»Die Wiederbewaffnung hat begonnen. Unsere Protestkundgebungen und auch die Paulskirchen-Bewegung vermochten nicht, die Entwicklung und die Entscheidung des Parlaments aufzuhalten. Vor uns steht also die Tatsache, daß in Westdeutschland Divisionen aufgestellt, Flugzeugbesatzungen ausgebildet werden und eine Marine aufgebaut wird. Bis jetzt sind es noch Freiwillige, die dorthin eingerückt sind. Werden es im Jahre 1957 wehrpflichtige junge Deutsche sein, die auf Kasernenhöfen gedrillt, an den Schiffsmasten hochgejagt oder in den Flugzeugkanzeln zu Scharfschützen ausgebildet werden? Das ist unsere bittere Frage: Wird sich die materielle, politische und seelische Last einer allgemeinen Wehrpflicht, kaum mehr als ein Jahrzehnt nach der Entwaffnung, wieder über Deutschland legen? Das Parlament kann aber nicht gegen das Volk und darf auch nicht gegen die Jugend Gesetze machen. Wir richten in aller Öffentlichkeit an die Regierung und die ge-

wählten Vertreter des Volkes die Aufforderung: Keine allgemeine Wehrpflicht, schärfste demokratische Kontrolle über Truppen und Stäbe. Jeder Ansatz zur Einengung oder Unterdrückung der demokratischen Freiheiten muß sofort entdeckt und beseitigt werden können.«

Grundsatzkonflikt

So ist es nur zu verständlich, daß eine politische Kontroverse von den Anfängen der Republik – bereits angekündigt in den Debatten des Parlamentarischen Rates – bis heute ununterbrochen fortdauert: Wem ist der Vorrang einzuräumen, dem Militär oder dem Recht auf Kriegsdienstverweigerung? Das Recht auf Kriegsdienstverweigerung war immerwährenden Angriffen ausgesetzt. Ziel war, es auszuhöhlen, es einzuschränken oder seine Inanspruchnahme rechtlich oder faktisch unmöglich zu machen. Bei der Einführung der Bundeswehr und der Wehrpflicht in den 50er Jahren befürchteten die Militärs den von Heuss erwarteten »Massenverschleiß des Gewissens«. Deshalb wurde im Wehrpflichtgesetz 1956 von Anfang an ein förmliches Prüfungsverfahren für Kriegsdienstverweigerer mit »Antragstellung« und »Anerkennung« festgelegt. Als einziges der in der Verfassung verbrieften »unveräußerlichen und unmittelbar geltenden Menschenrechte« bedarf seitdem die Wahrnehmung des Artikels 4 Absatz 3 der ausdrücklichen amtlichen Feststellung, daß man dazu berechtigt ist. Damit wird ein Grundrecht zu einem Ausnahmerecht degradiert. Weder die Verfassungsrechte auf körperliche Unversehrtheit (Art. 2 Abs. 2), noch das auf Meinungsfreiheit (Art. 5), weder das Recht auf Versammlungs- und Demonstrationsfreiheit (Art. 8), noch das Verfassungsrecht, sich einer Gewerkschaft anzuschließen (Art. 9 Abs. 3), bedürfen einer Genehmigung. Ein Grundrecht muß grundsätzlich für jeden und immer gelten – sonst ist es kein Grundrecht. Selbst der frühere Generalsekretär der CDU, Dr. Heiner Geißler, schrieb in seiner Doktorarbeit aus dem Jahre 1960 unzweideutig (S. 122):

> »Da Artikel 4 Absatz 3 kein Ausnahmerecht ist, bedeutet die allgemeine Wehrpflicht für den Staatsbürger nicht, daß sie für diesen zunächst einmal verbindlich ist und erst auf Antrag dann anschließend die Suspension von dieser Pflicht erfolgen kann. Die dauernde Wirkung des Artikels 4, 3 bewirkt, daß sich die Berechtigung zur KDV unmittelbar ... ergibt und nicht von einem Antrag und der Entscheidung einer Behörde abhängig ist.«

Dennoch fand über 27 Jahre lang, von 1956 bis 1983, das alte, mündliche Gewissensprüfungsverfahren für alle Kriegsdienstverweigerer statt. 700 000 Wehrpflichtige wurden hier peinlichen Verhören unterzogen – die Kirchen bezeichneten dieses Verfahren als »mittelalterliche Inquisition«. 370 000 Jugendliche wurden von den Prüfungsgremien endgültig abgelehnt, ihnen wurde ihr Grundrecht verweigert. Mit diesem Prüfungsverfahren, das in der Regie des Verteidigungsministeriums und seiner Mitarbeiter in Gestalt der Prüfungsausschußvorsitzenden stattfand, hatten die MilitärpolitikerInnen ein doppeltes Steuerungsinstrument in der Hand. Das Verfahren an sich wirkte auf viele Jugendliche abschreckend und mit ihm ließen sich die Anerkennungsquoten direkt steuern. Trotzdem stiegen die absoluten KDV-Zahlen und der relative Prozentanteil der KDVer kontinuierlich.

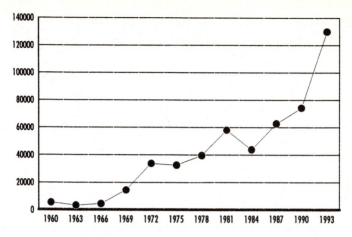

KDV-Anträge (1960–1993)

Seit Ende der 60er Jahre, im Zuge von Studentenbewegung, sozialliberaler Koalition, neuer Ostpolitik, Entspannungspolitik usw. festigte sich auch der Widerstand unter den KDVern. Die Betroffenen protestierten gemeinsam mit der DFG-VK, den Gewerkschaften, mit Jugendverbänden und Kirchen massiv und andauernd gegen das Verfahren. 1976 änderte dann die SPD/FDP-Koalition das Anerkennungsverfahren: Die Verweigerung sollte nach einer schriftlichen Erklärung und durch Ableistung eines verlängerten Zivildienstes anerkannt werden. Aber das Bundesverfassungsgericht hob diese Regelung auf Antrag der CDU/CSU auf. Das höchste bundesdeutsche Gericht forderte nicht nur eine »ausreichende Gewissensprüfung«, es räumte zusätzlich der Bundeswehr einen »Verfassungsrang« ein: Die Kriegsdienstverweigerung dürfe die Existenz der Bundeswehr nicht gefährden. Mit dieser Entscheidung wurde ein unveräußerliches Grundrecht einer veränderbaren und sich laufend verändernden staatlichen Aufgabe – der Sicherheitspolitik –

untergeordnet! Schlagen wir hierzu noch einmal in der Doktorarbeit Heiner Geißlers nach (S. 152):

»... muß die Gemeinschaft auf die Verteidigung verzichten, wenn sie dieser Schutzpflicht nur dadurch nachkommen kann, daß sie selbst das zu schützende Gut angreift und verletzt. Sie würde sich dadurch zu dem Unrechtsstaat machen, gegen den sie sich verteidigen will.«

Die einzig sinnvolle und akzeptable Lösung des Konflikts ist in Truppenreduzierung und Abrüstung zu sehen.

Erleichterungen im KDV-Verfahren (1984–1990)

Das Ende des alten Prüfungsverfahrens, kam dann 1984, erstaunlicherweise mit der CDU/CSU/F.D.P.-Bundesregierung. Ab 1984 galt zunächst ein geteiltes Anerkennungsverfahren: Noch nicht einberufene Wehrpflichtige wurden nur noch in einem schriftlichen Verfahren des Bundesamtes für den Zivildienst überprüft. Zugleich wurde der Zivildienst um ein Drittel gegenüber dem Wehrdienst verlängert. Aber alle, die schon einberufen oder bereits beim Bund waren, mußten sich auch weiterhin grundsätzlich einem mündlichen Gewissensprüfungsverfahren unterziehen.

Nur noch schriftliches Verfahren (seit 1990)

Seit Oktober 1990 gilt auch für Einberufene, Soldaten und Reservisten in der Regel nur noch ein schriftliches Anerkennungsverfahren. Die für die Anerkennung von Anträgen von Soldaten und Reservisten zuständigen Ausschüsse und Kammern für Kriegsdienstverweigerung wurden durch einen Runderlaß des Bundeswehrverwaltungsamtes angewiesen, daß zukünftig grundsätzlich nur nach Aktenlage ohne mündliche Anhörung entschieden werden soll.

Entscheidung nach Aktenlage heißt: Es werden nur die vom Antragsteller eingereichten schriftlichen Unterlagen, also vor allem Lebenslauf und KDV-Begründung, überprüft. Nur dann, wenn der Ausschuß im Einzelfall aufgrund der vorliegenden Unterlagen Zweifel hat, ob eine Gewissensentscheidung vorliegt, soll er nach dem Erlaß den Antragsteller zu einer persönlichen Anhörung vorladen. Es ist jedoch darauf hinzuweisen, daß der Runderlaß des Bundeswehrverwaltungsamtes von den einzelnen Kreiswehrersatzämtern sehr unterschiedlich gehandhabt wird. So gibt es einzelne Prüfungsausschüsse, die nach wie vor häufig eine mündliche Anhörung durchführen. (Die Einzelheiten des Anerkennungsverfahrens sind im Kapitel »Kriegsdienst verweigern« auf Seite 87 ausführlich beschrieben.)

Dieses Verfahren ist vielen in Politik und Militär noch zu »liberal«. So forderte im April 1995 der Befehlshaber im Wehrbereich II, Gerd Schultze-Rhonhof, die Wiedereinführung einer Gewissensprüfung, um den weiteren Anstieg der KDV-Zahlen zu bremsen. Dabei solle bei der Gewissensprüfung »der christliche Hintergrund, die glaubhafte religiöse Überzeugung deutlich werden«, zum Beispiel durch regelmäßige Teilnahme an kirchlichen Aktivitäten. Auch Politikerinnen und Politiker machen immer wieder Schlagzeilen mit Angriffen auf das KDV-Recht, so z.B. die Wehrbeauftragte des Deutschen Bundestages, Claire Marienfeld (CSU), im September 1995 mit dem Schlagwort von der »Generation von Egoisten«.

> Über 90 % der Anträge werden heute in einem schriftlichen Verfahren anerkannt. Eine mündliche Gewissensprüfung findet in der Regel nicht statt! Wer sich also informiert und beraten läßt, hat heute gute Chancen, anerkannt zu werden.

Zivildienst – Zuvieldienst

Der Pferdefuß der KDV-Neuregelung seit 1984 war und ist der längere Zivildienst.

Heute leisten Wehrpflichtige bei der Bundeswehr nur 10, Zivildienstleistende dagegen 13 Monate Dienst. Das ist immer noch ein »Zuvieldienst« von 3 Monaten und widerspricht dem Grundgesetz, das in Artikel 12a Absatz 2 unmißverständlich bestimmt:

> »*Die Dauer des Ersatzdienstes darf die Dauer des Wehrdienstes nicht übersteigen.*«

Deshalb wurde 1984 das Verfassungsgericht angerufen. Die SPD klagte gegen den verlängerten Zivildienst und die Zweiteilung des Prüfungsverfahrens. Aber das Gericht erklärte alles für Rechtens. Mehr noch: Es warf die Frage auf, ob die Kriegsdienstverweigerung nicht nur im Krieg selber berechtigt sei. Fast großzügig schloß es aber dann doch die Ausbildung zum Krieg in den Schutzbereich des Artikels 4 Absatz 3 mit ein. Aber, so fragte es weiter, kann dem Kriegsdienstverweigerer nicht zugemutet werden, waffenlosen Dienst in der Bundeswehr zu leisten? Der Artikel 4 Absatz 3 erwähne ja nur den Kriegsdienst »mit der Waffe« (Urteilstext und laufende Rechtsprechung sind in der Fachzeitschrift »4/3« der DFG-VK dokumentiert).

Da das höchste Gericht diese Frage nicht beantwortete, kam es seitdem zu diversen Gerichtsprozessen um das Kriegsdienstverweigerungsrecht von Sanitätern und Ärzten. Mittlerweile festigt sich die Rechtsprechung dahin, daß »normale« Wehrpflichtige auch im

Sanitätsdienst ein Kriegsdienstverweigerungsrecht haben, Zeitsoldaten im Sanitätsdienst dies jedoch zumeist nicht zugesprochen wird (vgl. Zeitschrift »4/3«).

> »Statt junge Männer in die Kasernen zu rufen und mit dem Argument der Wehrgerechtigkeit die Einführung weiterer Pflichtdienste für Jugendliche zu diskutieren, sollten die Regierenden jungen Menschen qualifizierte Möglichkeiten zu freiwilligem Engagement für die Gesellschaft bieten... Zukunft sichern durch Friedensförderung heißt... uneingeschränkte Wahlfreiheit zwischen Wehr- und Zivildienst ohne irgendeine Form der Gewissensfreiheit und bei gleicher Dauer zu garantieren.«
>
> *Jugendbündnis 94 »Macht mit – mit Macht!«*

Die Bundesregierung hoffte, daß mit dem längeren Zivildienst derselbe Abschreckungseffekt erzielt würde wie mit dem alten Anhörungsverfahren – und das auf eine elegantere, nicht so drastische Art und Weise. Aber diese Rechnung ging nicht auf, wie die Entwicklung der Zahl der KDV-Antragsteller seit 1984 zeigt (siehe Grafik auf Seite 107).

Die Wehrdienstverkürzung auf 10 Monate hat das Verhältnis zwischen Wehr- und Zivildienst weiter zu ungunsten der Kriegsdienstverweigerer verschoben. Nach dem Willen der Koalition aus CDU/CSU und F.D.P. ist der Zivildienst nun mit 13 Monaten um 30 % länger als der Grundwehrdienst.

Vom Bausoldat zum Zivi

Verweigerung in der DDR

Ein Recht auf Kriegsdienstverweigerung aus Gewissensgründen gab es in der DDR zu keiner Zeit. Wer den Waffendienst verweigerte, galt nicht etwa als »Drückeberger«, sondern vielmehr als »Staatsfeind« und »Konterrevolutionär«. Dennoch haben es in den 28 Jahren, in denen es die Wehrpflicht in der DDR gab, Tausende junge Männer abgelehnt, die »Errungenschaften des ersten Arbeiter- und Bauernstaates auf deutschem Boden« mit der Waffe schützen zu wollen.

Der Aufbau militärischer Strukturen begann – parallel zu dem im Westen – bereits mit der Gründung der DDR. Im Oktober 1949 bildete das neu eingesetzte Innenministerium eine »Hauptverwaltung für Ausbildung«. Nach dem Beitritt der DDR zum Warschauer Vertrag im Mai 1955 erhielt die DDR-Verfassung den Zusatz, daß »der Dienst zum Schutz des Vaterlandes und der Errungenschaften der Werktätigen« eine »ehrenvolle Pflicht der Bürger der Deutschen Demokratischen Republik« ist. In Ausführung dieser Verfassungsänderung verabschiedete die Volkskammer im Januar 1956 das Gesetz über die Schaffung des Ministeriums für Nationale Verteidigung und der Nationalen Volksarmee (NVA). Am 1. März 1956 übernahm die NVA offiziell die Angehörigen der Kasernierten Volkspolizei. Die Sollstärke der NVA war zu diesem Zeitpunkt auf 90 000 Mann festgelegt und sollte in den Folgejahren durch Werbung Freiwilliger auf 120 000 Soldaten erhöht werden.

Mit Errichtung der innerdeutschen Sperranlagen am 13. August 1961 wurde ein erster Höhepunkt der Militarisierung der DDR erreicht. Fünf Wochen später, am 20. September 1961, trat das Verteidigungsgesetz in Kraft, welches die Einführung einer allgemeinen Wehrpflicht ankündigte. Am 24. Januar 1962 schließlich verabschiedete die Volkskammer das Wehrpflichtgesetz der DDR. Die Wehrpflicht erstreckte sich auf das Alter vom 18. bis zum vollendeten 50. Lebensjahr, im Verteidigungszustand bis zum vollendeten 60. Lebensjahr. Die Dauer des Grundwehrdienstes betrug 18 Monate. Im Wehrpflichtgesetz enthalten waren auch die allgemeinen Wehrstrafbestimmungen. So war das Nichterscheinen zur Erfassung oder Musterung, die nichterfolgte Mitteilung über Veränderungen zur Person sowie die nichterfolgte Mitteilung über den Wegfall von Hinderungsgründen mit Gefängnisstrafe bis zu 3 Jahren bedroht. Ebenfalls mit Gefängnis (in der ersten Fassung des Gesetzes ohne Angabe eines Höchststrafmaßes) wurde bestraft, »wer dem Einberufungsbefehl zur Ableistung des Wehrdienstes nicht oder nicht pünktlich Folge leistet«.

Unmittelbar nach Einführung der Wehrpflicht haben kirchliche Vertreter und Gremien bereits einen Rechtsschutz für diejenigen jungen Männer gefordert, die sich aus Glaubens- und Gewissensgründen weigerten, einen Waffendienst zu leisten. Rund 2000 junge Männer, vorwiegend aus Kreisen der evangelischen Landeskirchen, hatten bei Einführung der Wehrpflicht öffentlich angekündigt, einer Einberufung nicht nachzukommen. Schon zum ersten Einberufungstermin im Frühjahr 1962 wurden Verweigerer einberufen und festgenommen.

Unter diesem Druck entschloß sich die DDR-Regierung am 7. September 1964, die Baueinheiten in der Nationalen Volksarmee einzurichten. Im November 1964 wurden erstmals 220 Wehrpflichtige zum Dienst in den Baueinheiten herangezogen. Dort mußten diejenigen, die den Dienst mit der Waffe aus Gewissensgründen ablehnten, unbewaffneten Kriegsdienst leisten. Sie wurden zum Beispiel beim Bau von Kasernen und anderen militärischen Einrichtungen eingesetzt.

Konflikte mit den Bausoldaten, wie die genannt wurden, die in den Baueinheiten dienten, waren durch ihre zu enge Einbindung in das Armeesystem vorprogrammiert. Pazifistische Gewissensentscheidung einerseits und die Unterordnung unter Kasernenalltag, Uniform, militärisches Reglement und militärische Einsatzbereiche andererseits standen im krassen Widerspruch und führten immer wieder zu Befehlsverweigerungen und Auseinandersetzungen. Die Anzahl der dadurch verursachten Disziplinar- und Militärgerichtsverfahren ist bis heute noch nicht genau bekannt, es dürfte sich jedoch um mehrere Hundert handeln. Viele derer, die in den 60er und 70er Jahren wegen Totalverweigerung, Befehlsverweigerung und Widerstand gegen staatliche Maßnahmen verurteilt wurden, haben erst heute die Möglichkeit, die Hintergründe ihres Urteils in den Akten nachzulesen.

Aus der Sicht der SED-Führung war erklärtermaßen alles, »... was dem bewaffneten Schutz der Errungenschaften des werktätigen Volkes vor den Anschlägen des imperialistischen Klassenfeindes« diente, Friedenspolitik. Friedenspolitische Aktivitäten neben dem Friedensverständnis der SED konnten demzufolge nicht geduldet werden. Dieser Monopolanspruch der SED einerseits und die zunehmende Militarisierung der DDR-Gesellschaft andererseits führten in der zweiten Hälfte der 70er Jahre in Berlin, aber auch in mehreren sächsischen und thüringischen Städten zur Bildung von informellen Gruppen, die sich als unabhängige bzw. eigenständige Friedensbewegung verstanden.

Das Vorhandensein der Baueinheiten wurde in den 25 Jahren ihres Bestehens von Vertretern des Ministeriums für Nationale Verteidigung sowie der überwiegenden Mehrzahl der Berufsmilitärs als dauerndes Ärgernis betrachtet. Die Versuche von Bausoldaten, ihre Ansichten offensiv in den obligatorischen »Polit-Unterricht« einzubringen, das Diskussionsniveau der Bausoldaten und die wiederholten Fälle von Befehlsverweigerung beim Bau militärischer Anlagen mußten zwangsläufig von den Militärs als Provokationen interpretiert werden. Aus der Sicht des Verteidigungsministeriums war der Dienst in den Baueinheiten kein Grundrecht, sondern ein Zugeständnis an eine zeitweilig vorhandene Minderheit.

Die meisten der im Sommer und Herbst 1989 neu entstandenen Bürgerbewegungen bzw. Parteien haben sich in ihren Gründungsaufrufen oder anderen Grundsatzerklärungen für die Einrichtung eines zivilen Ersatzdienstes öffentlich ausgesprochen und die Forderung wurde auch auf zahlreichen Transparenten während der Demonstrationen im Herbst 1989 erhoben.

In den Entstehungsphasen der neuen sozialen Bewegungen und Bürgerrechtsorganisationen waren in allen wesentlichen Gruppierungen ehemalige Kriegsdienstverweigerer maßgeblich aktiv. Ihre eigenen politischen Erfahrungen, die sie in der Auseinandersetzung mit der Militarisierung der DDR-Gesellschaft gesammelt hatten und die eine demokratische und ökonomische Entwicklung verhindert hatten, konnten sie in die Grundsatzdebatten der neuen Gruppen und Vereinigungen einbringen.

Anfang November 1989 erklärte auch die SED, einen Zivildienst einzuführen, der an Stelle des Wehrdienstes geleistet werden kann und daß eine Novellierung des Wehrdienstgesetzes bevorstehe, die die Dienstzeit auf 12 Monate verkürzen werde.

Durch diese Ankündigungen war die Durchsetzung der Wehrpflicht in der bisherigen Form nicht mehr aufrechtzuerhalten. Kurz vor Ende 1989 wurden alle Bausoldaten, die dies im Vorgriff auf das zu erwartende Zivildienstgesetz wünschten, zum weiteren Dienst in zivilen medizinischen und sozialen Einrichtungen aus der NVA entlassen. Damit war die Anordnung über den Dienst in den Baueinheiten der NVA de facto aufgehoben.

Die gesetzliche Regelung des Zivildienstes wurde von Anfang Dezember 1989 an mit erheblichem Tempo betrieben. Sowohl der Regierung als auch den Oppositionsgruppen war an einer schnellen Einführung eines zivilen Dienstes gelegen. Die Positionen dazu klafften aber noch sehr weit auseinander. Innerhalb der Friedensbewegung wurden bis Ende des Jahres 1989 mehrere eigenständige Entwürfe für ein Zivildienstgesetz erarbeitet.

Im Februar 1990 lag dann eine »Verordnung über die Einführung des Zivildienstes« vor, die vom Ministerrat beschlossen wurde und am 1. März in Kraft trat. Diese Verordnung sah die Ableistung des Zivildienstes in Betrieben und Einrichtungen des Gesundheits-, Sozial- und Rettungswesens sowie im kommunalen Bereich und die gleiche Dauer wie die des Wehrdienstes vor. Die Zulassung zum Zivildienst erfolgte auf einfache Erklärung des Wehrpflichtigen hin. Mit Wirkung dieser Erklärung wurden die Wehrunterlagen vom Wehrkreiskommando (vergleichbar dem bundesdeutschen Kreiswehrersatzamt) an das Arbeitsamt übergeben und von dort aus die Anerkennung und die Heranziehung zum Zivildienst vorgenommen. Die Arbeitsämter waren durch die Verordnung mit der organisatorischen Planung und Durchführung des Zivildienstes beauftragt. Der Zivildienst war nicht länger als der Dienst beim Militär, eine wie auch immer geartete Prüfung der Gewissensentscheidung fand nicht statt.

Ende Februar 1990 wurden die letzten Bausoldatenkompanien aufgelöst. Da die Zivildienstverordnung noch nicht rechtskräftig war und viele Vorgesetzte nur ungenügend darüber informiert waren, wurden in zahlreichen Fällen die Bausoldaten durch die Kompaniechefs formlos entlassen und einfach nach Hause geschickt.

> Als vorbildlich hat das IG Metall-Vorstandsmitglied Karin Benz-Overhage das morgen in der DDR in Kraft tretende Kriegsdienstverweigerungsrecht bezeichnet. Das unbürokratische Anerkennungsverfahren ohne Gewissensprüfung und die einheitliche Dauer des Wehr- und Zivildienstes erfüllten die Kernpunkte eines humanen Kriegsdienstverweigerungsrechts, sagte Benz-Overhage am Mittwoch in Frankfurt. Das neue DDR-Gesetz sieht einen 12monatigen Wehr- oder Zivildienst vor. Die Gewerkschafterin forderte die Bundesregierung auf, sich daran ein Beispiel zu nehmen und »mit eigenen Maßnahmen den Abrüstungs- und Friedensprozeß konstruktiv zu gestalten«.
>
> *Metall-Pressedienst vom 28. Februar 1990*

Auf der Grundlage der Zivildienstverordnung wurde zum 7. Mai 1990 erstmals zum Zivildienst einberufen, zu diesem Zeitpunkt standen rund 18 600 Plätze zur Verfügung, denen aber mehr als 53 000 Zivildienstanträge gegenüberstanden.

Kirchliche Friedensgruppen und vor allem auch die im April 1990 in der DDR (wieder)gegründete Deutsche Friedensgesellschaft – Vereinigung der KriegsdienstgegnerInnen (DFG-VK) machten die Möglichkeit der Zivildienstableistung öffentlich bekannt. Den Gruppen der Totalverweigerer war die Zivildienstregelung aber nicht ausreichend. Sie propagierten mit noch größerer Eindringlichkeit die Totalverweigerung als deutlichste Entscheidung und forderten die Abschaffung der Wehrpflicht, die formal noch bestand, aber durch die vollkommene Wahlfreiheit zwischen Wehr- und Zivildienst praktisch außer Kraft gesetzt war. Totalverweigerer wurden bis zum Ende der DDR nicht mehr einberufen.

Weder die letzte SED- noch die erste frei gewählte Regierung wollte sich damit ein neues Problem schaffen.

Die Verhandlungen um den Einigungsvertrag zwischen der DDR und der BRD zur Vorbereitung der deutschen Vereinigung behandelten auch das Thema Zivildienst. Da die DDR-Regelung aus Sicht der Kriegsdienstverweigerer sehr viel besser war, gab es aus den Kirchen und Friedensgruppen starke Unterstützung für ihren Erhalt. Zunächst war auch auf seiten der DDR-Regierung der Wille vorhanden, die Regelungen, die in der DDR galten, bis zur Wahl des ersten gesamtdeutschen Parlamentes aufrechtzuerhalten. Im Laufe der Verhandlungen setzte die CDU/CSU aber die Übertragung des westdeutschen Wehrpflicht- und KDV-Rechts auf ganz Deutschland durch.

Sehr geehrte Damen und Herren,

die von Ihnen kritisierte Regelung für die Einberufung zum Grundwehrdienst oder Zivildienst entspricht nicht der Rechtslage, die vom Bundestag beschlossen worden ist. Wir können nicht auf allen Gebieten eine Gleichstellung der Bürger und Bürgerinnen in den neuen Bundesländern fordern und gleichzeitig aber Privilegien festschreiben wollen, die nicht auch für junge Männer aus dem Westen Deutschlands gelten. Daher sehe ich mich außerstande, Ihr Anliegen zu unterstützen.

Lothar de Maiziere, CDU,
(Brief an die DFG-VK, 1. 10. 1991)

Die Wiederaußerkraftsetzung der von der DDR-Bürgerrechtsbewegung erkämpften Anerkennungspraxis für Kriegsdienstverweigerer ist einer der schmerzlichen Verluste auf dem Weg der deutschen

Einheit. Diese Regelung, die eigentlich in jahrzehntelanger Diskussion in Bausoldatenkreisen, Verweigerer- und Friedensgruppen entstanden ist und durch das konsequente Auftreten der Bürgerbewegung in der DDR in geltendes Recht gebracht wurde, hätte eine längere Lebensdauer verdient, als ihr beschieden war.

Uwe Koch/Stephan Eschler: »Zähne hoch – Kopf zusammenbeißen«. Dokumente zur Wehrdienstverweigerung in der DDR 1962–1990, Scheunen-Verlag 1995

Bundeswehr auf Abwegen

Mit dem Ende des Kalten Krieges und der Vereinigung der DDR mit der BRD stand die Bundeswehr vor einem Dilemma: Das alte Feindbild, das der Antikommunismus geliefert hatte, und das schon durch Gorbatschows Erneuerungspolitik brüchig geworden war, brach nun vollends in sich zusammen. Ohne militärische Bedrohung von außen konnte nun die Rechtfertigung der Bundeswehr als »Verteidigungsarmee« nicht mehr greifen.

Mit dem Umbruchprozeß, konkret der Auflösung des Ost-West-Gegensatzes, hätte die Chance bestanden, endlich radikal mit Abrüstung zu beginnen. Diese Alternative wurde jedoch von der herrschenden Bonner Politik keineswegs ausreichend genutzt. Zwar wurde die Armee verkleinert, auf eine derzeitige Sollstärke von 370 000 Mann, jedoch wurde gleichzeitig die Modernisierung des Militärs vorangetrieben. Modernisierung heißt nicht nur mehr Wirksamkeit bei weniger Soldaten, sondern, der Bundeswehr auch eine »neue« Legitimation zu geben. Demnach sollen künftig deutsche Soldaten weltweit für »Ruhe und Ordnung« sorgen. »Die Spezialeinheiten für solche schnellen Eingreiftruppen, offiziell Krisenreaktionskräfte genannt, werden bereits zusammengestellt, ausgebildet und ausgerüstet. Ihre Aufgabe soll unter anderem sein, im Rahmen der UN und der KSZE (jetzt OSZE) Einsätze im gesamten Spektrum von humanitären Maßnahmen bis hin zu militärischen Einsätzen nach der Charta der UN durchzuführen.« (Konzeptionelle Leitlinie des Verteidigungsministeriums zur Weiterentwicklung der Bundeswehr vom Juli 1994)

Das bedeutet, daß die Bundesregierung sich nicht nur auf sogenannte »humanitäre« Maßnahmen und Blauhelmeinsätze beschränken will. Im Klartext: Je nach Konfliktkonstellationen und Mehrheitsverhältnissen im Bundestag kann es künftig möglich sein, daß deutsche Soldaten an den Fronten in aller Welt mitkämpfen. Und das Verteidigungsministerium ist in werbestrategischer Hinsicht handfest dabei, die deutsche Öffentlichkeit zu »berieseln«, daß eben »unsere Jungs« überall dabei sind, wo was los ist.

So war zum Beispiel der Einsatz der Bundeswehr in Somalia humanitär und politisch verfehlt, sowie ein teurer obendrein. Die stellvertretende SPD-Vorsitzende Heidemarie Wieczorek-Zeul kritisierte in einer Presseerklärung am 21. Dezember 1993, die Bundesregierung habe mit dem Einsatz, der pro Tag fast zwei Millionen DM gekostet hat, »Millionen in den Sand gesetzt« und stellte fest:

»Entwicklungshilfe ist (...) nicht Auftrag der Bundeswehr. Die zu leistenden humanitären und entwicklungspolitischen Aufgaben können besser und billiger von den dafür zuständigen Hilfsorganisationen geleistet werden.«

Auch die angebliche Freiwilligkeit der zu diesem Einsatz abkommandierten Wehrpflichtigen ist zumindest fragwürdig. So beklagte die IG Metall-Verwaltungsstelle Augsburg in einem offenen Brief an Verteidigungsminister Rühe:

»In den letzten Tagen wurde die IG Metall, Verwaltungsstelle Augsburg, mehrmals von besorgten Eltern auf eine derzeit scheinbar gängige Praxis in den Kasernen der Bundeswehr angesprochen. Wehrpflichtige sollen mit dem Versprechen hoher Abfindungsbeträge zu einem freiwilligen Einsatz in Somalia ›motiviert‹ werden. Oft auch – so berichten die Eltern – ist der Druck von seiten der Vorgesetzten so groß, daß Wehrpflichtige nur unter äußerster

Anstrengung eine ablehnende Entscheidung treffen können. Wir halten nichts von einer derart erzeugten ›Freiwilligkeit‹.«

Das Bundesverfassungsgericht hat die Bundesregierung inzwischen weitgehend ermächtigt, die Bundeswehr im Rahmen von UN-Missionen weltweit einzusetzen und damit den Umdeutungsprozeß des Grundgesetzes bestätigt. Die Verteidigung im Rahmen der NATO soll nun nicht mehr die einzige Aufgabe der Bundeswehr sein. Die gewachsene weltpolitische Verantwortung des »neuen« Deutschlands soll auch militärisch wahrgenommen werden können. Damit hat das Gericht dem herrschenden Staatsverständnis entsprochen, daß ein wesentlicher Bestandteil der Souveränität eines Staates die militärische Absicherung der Außenpolitik ist.

Neue Weltordnung und Rolle der Bundeswehr

Unter Vorwänden wie zum Beispiel der Übernahme weltpolitischer Verantwortung, der Friedensschaffung bzw. -sicherung sowie der Gewährleistung von »Sicherheit« werden vorrangig folgende Ziele verfolgt:
- Militäreinsatz als legitimes Mittel der Außenpolitik,
- Militäreinsatz zur Sicherung von Handel und Rohstoffquellen sowie gegebenenfalls zur Absicherung von Kapitalexport,
- Schaffung eines gleichwertigen militärischen Instruments für die Europäische Union als Gegengewicht zur US-dominierten NATO durch Ausbau der Westeuropäischen Union (WEU),
- Absicherung militärischer Handlungsfähigkeit durch bilaterale Militärbündnisse für den Fall, daß die Bundes-

> regierung »deutsche Interessen« im Rahmen von WEU bzw. NATO nicht durchsetzen kann,
> - Nutzung der Bundeswehr auch für die »innere Sicherheit« (vgl. Schäuble-Äußerungen).
>
> Es liegt auf der Hand, daß sich die Zustimmung zu einer solchen Entwicklung weder mit dem Grundgedanken internationaler Solidarität noch mit den bisherigen gewerkschaftlichen Grundsatzbeschlüssen vereinbaren läßt. (...) Die globalen Probleme können nicht durch Lösungsstrategien im Interesse einzelner Nationalstaaten oder Regionen bewältigt werden. Erforderlich ist vielmehr die Entwicklung einer sozialökologischen Welt- und Friedenspolitik, welche von dem Gedanken der internationalen Solidarität geprägt ist und die Ursachen an ihren Wurzeln bekämpft, anstatt auf ihre Folgen zu schießen.
>
> *Aus einem Beschluß der Jugendkonferenz der IG Metall im Januar 1995*

Eine einzige Einschränkung hat das höchste deutsche Gericht bei seiner Entscheidung gemacht: einem Bundeswehreinsatz, der nicht durch ein Gesetz geregelt ist, muß ein Parlamentsbeschluß vorausgehen. So bleibt es auch weiterhin möglich und nötig, in jedem einzelnen Fall geplanter Militäreinsätze die öffentliche Diskussion darüber zu führen und an das Gewissen und die politische Vernunft der Parlamentsabgeordneten zu appellieren, Bundwehreinsätzen in Kriegs- und Krisengebieten ihre Zustimmung zu verweigern.

> Appell an die Abgeordneten des Deutschen Bundestags
>
> *Keine Schnellen Eingreiftruppen und Bundeswehr in Ex-Jugoslawien – endlich die politischen und zivilen Möglichkeiten konsequent nutzen!*
>
> Wir fordern die Abgeordneten des Deutschen Bundestages auf, der geplanten Beteiligung der Bundeswehr an der Schnellen Eingreiftruppe für die UNPROFOR eine Absage zu erteilen. Die Verstärkung des militärischen Engagements und die weitere Entwicklung der UN zur Kriegspartei kann keinen Frieden im ehemaligen Jugoslawien bringen. Wir fordern dazu auf, aus den bisherigen Fehlern der Politiker und Militärs zu lernen und endlich konsequent die politischen, wirtschaftlichen und zivilen Möglichkeiten zu nutzen, um eine Friedensperspektive für die Menschen im ehemaligen Jugoslawien zu eröffnen.
>
> *Aus einem Appell verschiedener Friedensgruppen*
> *vom 23. 6. 1995*

Immer weniger Jugendliche halten den Dienst bei der Bundeswehr für sinnvoll. Das zeigt sich auch an dem dauerhaft hohen Prozentsatz von Kriegsdienstverweigerern pro Musterungsjahrgang – 1993 verweigerte jeder Fünfte! Mehr als die Hälfte aller Jugendlichen würde sich an keinem Bundeswehreinsatz beteiligen.

Das Ergebnis einer Studie des sozialwissenschaftlichen Instituts der Bundeswehr von 1994 gibt Anlaß zur Sorge: Die Forscher fanden heraus, daß die Bundeswehr fast nur noch unter Jugendlichen mit deutlichen rechtsextremen Tendenzen mehrheitlich positiv gesehen wird. Jugendliche mit demokratischer Grundhaltung haben in ihrer übergroßen Mehrheit keine enge Beziehung zur Bundeswehr. Meldungen über die Beteiligung von Soldaten an rassistischen Übergriffen und über ungehinderte Benutzung von Truppenübungsplätzen der Bundeswehr durch rechtsextremistische »Wehrsportgruppen« müssen Anlaß zur Beunruhigung sein. Dennoch sind von seiten der Verantwortlichen meist nur Beschwichtigungsversuche zu vernehmen. Im Weißbuch 1994 des Verteidigungsministeriums steht nichts dazu, wie das Einsickern rechtsradikaler Kräfte gerade in die mobilen Kampftruppen der »Krisenreaktionskräfte« der Bundeswehr verhindert werden könnte. Und die Bundeswehrführung (Generalinspekteur Naumann bei der Kommandeurstagung der Bundeswehr 1994) sorgt sich vor allem um die Kriegstauglichkeit der Jugendlichen:

»*Gleichzeitig aber gilt es, vermutlich zunehmend, Streitkräfte zur Konfliktvorbeugung, zur Krisenbewältigung, zur Friedensbewahrung einzusetzen. In beiden Fällen müssen die Truppenteile, die dies ausführen, so ausgebildet sein, daß sie fähig und willens sind, zu kämpfen.*«

Drängende Fragen – militärische Mittel?

Ist die Verteidigung mit militärischen Mitteln heute überhaupt noch möglich? Wird nicht im Krieg gerade das zerstört, was verteidigt werden soll? Sogar Militärs erklären, daß wir einen Krieg in Mitteleuropa nicht überleben würden. Wozu brauchen wir dann noch so viele Soldaten und Waffen?

> *Kindergärten statt Kasernen?*
>
> Ab dem 1. 1. 1996 hat jedes Kind von 3 bis 6 Jahren einen Rechtsanspruch auf einen Kindergartenplatz. Nach Berechnungen der Bundestagsfraktion von Bündnis 90/Die Grünen könnte ein Viertel der Baukosten für die notwendigen Kindergärten durch Einsparungen im Rüstungsetat aufgebracht werden. Bei den Mitteln, die für die Forschung, Entwicklung, Erprobung und Beschaffung mehrerer neuer Rüstungsprojekte vorgesehen sind – konkret für den Eurofighter, den NATO-Hubschrauber 90, den Unterstützungshubschrauber »Tiger« und die Fregatten 123 und 124 – wollen die Grünen 5,25 Milliarden DM für den Kindergartenbau abzweigen. Der haushaltspolitische Sprecher der Fraktion, Oswald Metzger, erklärte in diesem Zusammenhang, es gehe nicht, »daß sich Herr Rühe mit weniger Soldaten mehr Kriegsspielzeug leistet«.
>
> Schon zwei Jahre zuvor rechnete SPD-Finanzexpertin Ingrid Matthäus-Meier vor, daß für den Preis eines einzigen neuen Jagdflugzeugs (damals noch unter der Bezeichnung Jäger 90) in Höhe von 105,8 Millionen DM etwa tausend Sozialwohnungen errichtet werden könnten. 200 dieser Maschinen würde die Bundesregierung gerne anschaffen. Durch einen Verzicht auf dieses Rüstungsprogramm könnte also ein Zehntel der derzeit fehlenden 2 Millionen Wohnungen finanziert werden.

In den Ländern der »Dritten Welt« verhungern täglich Tausende von Menschen. Millionen sind ohne Arbeit, ohne Wohnung, ohne menschenwürdiges Dasein, haben keinen Zugang zu sauberem Trinkwasser, zu Gesundheitspflege und Bildung. Wäre es nicht an der Zeit für einen Interessenausgleich zwischen den Ländern des Südens und denen des Nordens und eine gerechte Weltwirtschaftsordnung? Könnten dadurch nicht viele Konflikte schon in der Entstehungsphase vermieden werden, mehr als alles Militär je mit Waffengewalt unterdrücken kann?

Chancen für Frieden durch Abrüstung und Entwicklung

Auf einer Tagung, die das Rheinisch-Westfälische Institut für Wirtschaftsforschung (RWI) und das Bonn International Center for Conversion (BICC) im März 1995 in Bonn veranstalteten, trafen sich WissenschaftlerInnen und PolitikerInnen unter dem Motto »Konversion – Herausforderung für Wissenschaft und Forschung«. BICC-Direktor Herbert Wulf wies in seinem Vortrag auf Probleme der »Integration demobilisierter Soldaten in Entwicklungsländern« hin. Gerade in diesen Ländern sei die Eingliederung der Soldaten wegen der hohen Arbeitslosigkeit und fehlender sozialer Netze besonders schwierig, wie Beispiele aus El Salvador, Eritrea, Kambodscha, Mosambik und Nicaragua zeigten. »Gelingt es, durch Abrüstung freiwerdende Mittel sinnvoll in zivile Projekte zu lenken, wird damit nicht nur wirtschaftliche und soziale Entwicklung gefördert, sondern auch die Sicherheit der Menschen erhöht«, erläuterte Wulf.

Der Präsident des RWI in Essen, Paul Klemmer, warnte vor »neuen Risiken« angesichts ethnischer, religiöser und sozial bedingter Konflikte, denen »kaum noch mit militärischer Gewalt begegnet werden kann«. Also würden wirtschaftliche Hilfestellung und die Lösung von Umweltproblemen »zu wichtigen Ansätzen der Konfliktbewältigung«.

Abertausende von Menschen starben im Golfkrieg, in den Bürgerkriegen in Somalia und Ruanda und sogar in Europa im zerfallenen Jugoslawien im Bomben- und Granatenhagel, durch Machetenhiebe, Gewehrschüsse und Raketenbeschuß. Sie starben, weil es an Nahrungsmitteln, Trinkwasser, Strom, Medikamenten und medizinischem Gerät mangelte. Es starben und sterben vor allem Kleinkinder, Frauen und alte Menschen. Wäre es nicht eine vorrangige Aufgabe der Politik, nach Wegen zu suchen, Konflikte ohne Einsatz von Gewalt zu lösen?

Geistige Republik Zitzer – ein serbisches Dorf gegen den Krieg

Die Bewohner eines Dorfes im nordserbischen Tresnjevac beschlossen im Mai 1992, den Einberufungsbefehlen zur jugoslawischen Armee nicht mehr Folge zu leisten, und gründeten in der örtlichen Gaststätte die »Geistige Republik Zitzer« – eine Republik ohne Staatsgebiet und ohne Gebietsansprüche, deren Grundlage die gemeinsame Kriegsdienstverweigerung ist. Menschen aus aller Welt, die diesen Gedanken unterstützen, haben die symbolische Staatsbürgerschaft der Republik erworben, in verschiedenen Städten, z.B. in Hamburg und Bremen, wurden von hiesigen UnterstützerInnen Konsulate eröffnet.

Stichwort: Zukunft

Am Schluß des letzten Kapitels wurde eine Reihe von Zukunftsfragen angesprochen. In diesem Kapitel »Stichwort: Zukunft« wollen wir einige Bausteine zur Lösung dieser Fragen und Probleme anreißen. Wir wollen damit auch Anregungen für die Jugendarbeit leisten. Es soll versucht werden, die vielfache Verwobenheit der Probleme des Friedens, der Abrüstung und des Soldatseins mit dem Problem der Gestaltung einer lebenswerten und lebensfähigen Zukunft aufzuzeigen.

Die *eine* Zukunft: Unser Land ein Waffenlager

In der Bundesrepublik Deutschland lagern heute immer noch mehrere tausend Atomwaffen. In West- und Osteuropa sind es insgesamt über zehntausend. Die NATO plante, in der ersten Kriegsphase Hunderte von Atomwaffen auf dem Gebiet der ehemaligen BRD und DDR zu zünden. Zwar wurde im Herbst 1990 diese NATO-Strategie der sog. »flexible response« und der sog. »Generalverteidigungsplan« außer Kraft gesetzt. Aber trotz aller politischen Entwicklungen: Die USA und Großbritannien bestehen nach wie vor auf der Stationierung von Atomwaffen in Deutschland und behalten sich den atomaren Ersteinsatz ausdrücklich vor. Unbeeindruckt vom Moratorium der anderen Atomwaffenmächte hat die chinesische Führung die Atomwaffentests fortgesetzt, und inzwischen hat auch die neue französische Regierung die gefährlichen Tests im Pazifik wieder aufgenommen.

Die Atomreaktorkatastrophe 1986 in Tschernobyl in der Sowjetunion hat uns ahnen lassen, welche Folgen der Einsatz auch nur einer Atombombe bei uns hätte. Die Strahlenkrankheit ist nicht behandelbar und führt zum qualvollen Tod. Weite Gebiete müssen auf unbefristete Zeit zum Sperrgebiet erklärt werden. Lebensmittel in ganz Europa sind verstrahlt und ungenießbar. Und in Tschernobyl entwich nur ein Bruchteil der Strahlung der Hiroshima-Bombe. Es gibt Atombomben jeder Größe. Solche von der Größe der Hiroshima-Bombe (150 000 Tote), die von Truppenkommandeuren im örtlichen Gefechtsfeld eingesetzt werden sollen – etwa um einen Angriff auf eine »wichtige« Bergkuppe zu stoppen. Und es gibt Bomben von mehr als der tausendfachen Zerstörungskraft der Hiroshima-Bombe (Millionen von Toten, oder wie es die Militärs sagen: mehrere Megatote). Sie werden zur Vernichtung von Großstädten und ganzen Industrieregionen bereitgehalten. Auch ein Krieg, in dem nur wenige Atomwaffen eingesetzt würden, würde unsere Lebensgrundlagen zerstören.

Die *andere* Zukunft: Unser Land frei von Militär

Frieden kann im Atomzeitalter mit militärischen Mitteln nur mit dem Risiko der Selbstvernichtung der Menschheit gesichert werden. An die Probleme des Friedens heute noch mit Waffen heranzugehen, ist dasselbe, wie einen PC mit dem Faustkeil reparieren zu wollen. Für die andere, die lebenswerte Zukunft brauchen wir eine politische Friedenssicherung, die durch Verhandlungen, durch Abrüstung, durch atomwaffenfreie Zonen und Stopp aller Atomwaffentests, durch Truppenabbau und durch Verständigung dauerhaften Frieden schafft. Kriegsdienstverweigerung ist dein persönlicher Schritt für eine andere Zukunft.

Die *eine* Zukunft: Vernichtungsrisiko

Der Zweite Weltkrieg hat in sechs Jahren 60 Millionen Tote gefordert. 80 % der Industriekapazität und fast 100 % der Infrastruktur in Mitteleuropa waren vernichtet. Die Zerstörungspotentiale heutiger Waffensysteme sind noch sehr viel »wirkungsvoller«. Natürlich ist die Kriegsgefahr in Mitteleuropa nach Ende des Ost-West-Gegensatzes eher unwahrscheinlich. Dennoch, gleichwohl rechnet die NATO bei einem eskalierenden Krieg ohne Atomwaffen damit, daß in Mitteleuropa nach drei Wochen soviel zerstört wäre, wie nach sechs Jahren im Zweiten Weltkrieg.

Ein hochindustrialisiertes, mit Chemie- und Atomindustrie vollgestopftes Land wie die Bundesrepublik, das ohne funktionierendes Transportwesen, ohne Lebensmittel-, Wasser- und Stromversorgung nicht existieren kann, ist mit militärischen Mitteln nicht zu verteidigen. Selbst hohe Militärs sprechen von der Unmöglichkeit, in einem hochindustrialisierten Land Krieg zu führen. Ein Krieg würde das zerstören, was er verteidigen soll.

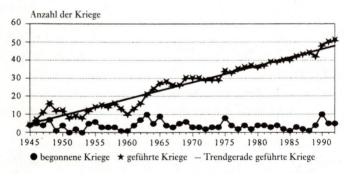

Pro Jahr begonnene und geführte Kriege 1945–1992. Quelle: Klaus-Jürgen Gantzel/Thorsten Schwinghammer: Die Kriege nach dem Zweiten Weltkrieg 1945 bis 1992. Daten und Tendenzen, dit Verlag Dr. Wilhelm Hopf, Münster 1995, S. 89

Ohne Soldaten ist kein Krieg führbar. Ob er mit konventionellen Waffen oder mit Atombomben geführt wird: Soldaten sind nicht nur wie die gesamte Zivilbevölkerung die Opfer, nein, sie werden im Ernstfall die Ausführenden des Infernos.

Die *andere* Zukunft: Kriegsdienstverweigerung

Kriegsdienstverweigerer wollen Leben erhalten. Sie erklären schon heute, daß sie sich im Ernstfall nicht an einem Krieg oder an seiner Vorbereitung beteiligen wollen.

Dennoch sind Kriegsdienstverweigerer keine »Feiglinge« oder »Drückeberger«, die jeder Aggression nur durch Flucht begegnen können. Es gibt viele Ideen und Konzepte, wie potentielle Angreifer ohne militärische Gewalt gestoppt werden können, sie werden zusammenfassend mit den Begriffen »soziale Verteidigung« oder – bei innenpolitischen Auseinandersetzungen – »ziviler Ungehorsam« bezeichnet.

Die *eine* Zukunft: Die Bundeswehr als Weltpolizist

Unter dem Vorwand »humanitärer« und »friedensschaffender« Einsätze wird die Bundeswehr von der derzeitigen Regierung in eine Interventionsarmee umgebaut. Die »Krisenreaktionskräfte« genannten schnellen Eingreiftruppen sollen bei Krisen und Konflikten, die deutsche Sicherheitsinteressen berühren, weltweit eingesetzt werden können. Worum es dabei wirklich geht, verdeutlichen die »Verteidigungspolitischen Richtlinien«, die Verteidigungsminister Rühe am 26. 11. 1992 erlassen hat:

> »Die nationale Interessenlage ist (...) Ausgangspunkt der Sicherheitspolitik eines souveränen Staates. (...) Dabei läßt sich die deutsche Politik von vitalen Sicherheitsinteressen leiten: (...) (–) Aufrechterhaltung des freien Welthandels und des ungehinderten Zugangs zu Märkten und Rohstoffen in aller Welt (...).«

Zur Durchsetzung wirtschaftlicher und machtpolitischer Interessen sollen also künftig wieder deutsche Soldaten in aller Welt kämpfen, töten und sterben.

> »Klima- und andere ökologische Katastrophen, also solche, die das Überleben der Menschheit insgesamt bedrohen, Natur- und zivile Katastrophen durch nicht beherrschbare Technologien, Verteilungskämpfe und innere Unruhen wegen Überbevölkerung, Unterentwicklung und Mißwirtschaft sowie daraus resultierende Hungerwanderungen, massive Menschenrechtsverletzungen oder Völkermord mit entsprechenden Fluchtbewegungen sind neue, wahrscheinlich in der Zukunft weiter wachsende Risiken. Sie sind jedoch nichtmilitärischer Art, und deshalb helfen gegen sie keine Streitkräfte, sondern nur die Bekämpfung der Ursachen.«
> (Walter Kolbow, verteidigungspolitischer Sprecher der SPD-Bundestagsfraktion, in: Europäische Sicherheit 9/92)

Die *andere* Zukunft: Helfen statt schießen

Wer Menschenrechte, Demokratie und Frieden dauerhaft sichern will, sollte sich dazu solcher Mittel bedienen, die nicht im Widerspruch zu diesen Zielen stehen. Die Friedensbewegung hat in den letzten Jahren viele Vorschläge zur zivilen, nichtmilitärischen Bearbeitung von Konflikten entwickelt und erprobt. Von wirtschaftlichen Sanktionen gegen Aggressoren über gewaltfreie Aktionen in Kriegsgebieten, Mediation (Vermittlung in Konflikten) und BürgerInnendiplomatie bis hin zur massiven Unterstützung von Gruppen der Friedens- und Menschenrechtsbewegungen der betreffenden Region und zu positiven Anreizen wie Wiederaufbauhilfe für Konfliktparteien, die sich um friedliche Konfliktbeilegung bemühen.

Aus den Reihen der ev. Kirchen und verschiedener Friedensorganisationen wurde das Konzept eines »zivilen Friedensdienstes« entwickelt, in dem Freiwillige sich in gewaltfreiem Handeln, Konfliktbearbeitung und Vermittlung ausbilden lassen können und anschließend zu nichtmilitärischen Einsätzen für die Verteidigung von Menschenrechten ins Ausland gehen können. Bisher gibt es aus den Reihen der Regierungsparteien allerdings nur wenig positive Resonanz auf derartige alternative Ideen.

Die *eine* Zukunft: Verschwendung und Ungerechtigkeit

Weltweit arbeiten heute 50 % der WissenschaftlerInnen direkt oder indirekt im Auftrag der Rüstung. Ein Drittel der Wirtschaftskraft wird hier vergeudet. Die US-Armee verbraucht jährlich mehr Benzin als ganz Indien. Rohstoffe, Arbeitskraft und Geldmittel werden für die Entwicklung von Kriegsgerät, für die Ausbeutung der Umwelt und für die Unterdrückung der »Dritten Welt« vergeudet. Mit dem Betrag, der an einem einzigen Tag für die Rüstungs- und Militärforschung ausgegeben wird, könnte der Jahresetat aller Forschungsprojekte für eine nachhaltige Entwicklung schlagartig verdoppelt werden.

Sechs Milliarden Menschen leben auf der Welt. Anfang des nächsten Jahrtausends wird sich diese Zahl verdoppelt haben. Heute verhungern pro Tag 70 000 Menschen auf der Welt – jeden Tag eine Kleinstadt. Die weltweite Rüstung ist das größte Hindernis bei der Lösung der Hungerfrage. Weil 10 % der Menschheit im Überfluß leben, werden die anderen 90 % ihrer Lebenschancen beraubt. Ungerechtigkeit kann zur Kriegsursache werden, wenn Menschen oder Völker der »Dritten Welt« ihre Lage verändern wollen.

Die *andere* Zukunft: Gerechtigkeit und Solidarität

Nur Gerechtigkeit und Solidarität zwischen den Völkern, Menschen, Religionen und Geschlechtern können Frieden schaffen. Wir brauchen Phantasie und vor allem Tatkraft. Die Probleme der »Dritten Welt« wären zu lösen, wenn die WissenschaftlerInnen, die bisher fürs Militär forschen, an ihrer Bewältigung mitarbeiten könnten. Wir brauchen eine gerechte Wirtschaftsordnung, die nicht an den Interessen der internationalen Konzerne, sondern an den Bedürfnissen der Menschen ausgerichtet ist.

> Liebe Kolleginnen und Kollegen!
> Tagtäglich bekommen wir, ermöglicht durch die Entwicklungen im elektronischen Zeitalter, die Hiobsbotschaften direkt ins Haus geliefert:
> - 160 Tier- und Pflanzenarten werden jeden Tag unwiederbringlich vernichtet,
> - 130 Millionen Kinder besuchen nie eine Schule,
> - weltweit leben 100 Millionen Kinder auf der Straße,
> - jedes zwölfte Kind aus der »Dritten Welt« verhungert.

Und was macht Bonn? Bonn streicht bei der Entwicklungshilfe! Die Zusammenhänge von globaler Zerstörung, Bevölkerungsentwicklung, Schuldenkrise und einer rapiden Verarmung der »Dritten Welt« scheinen zunächst verwirrend; aber dennoch, nichts kann darüber hinwegtäuschen: Die Ursachen liegen in den wirtschaftlichen Machtzentren dieser Welt, im reichen Norden. Die Industriestaaten müssen ihre Verantwortung für den ramponierten Zustand dieser Welt eingestehen.

Nicht nur die kapitalistischen Industrieländer selbst, sondern auch IWF und Weltbank als ökonomisch-politische Steuerungszentralen nehmen die »Dritte Welt« in den Würgegriff: Die größten Hindernisse zur Überwindung des Hungers sind nicht etwa die mangelnden Vorräte und unzureichendes Wissen, sondern, so der UNO-Bevölkerungsbericht, ungerechte Wirtschaftsstrukturen, politische Spannungen, Naturkatastrophen und Kriege.

Yilmaz Karahasan auf der Jugendkonferenz der IG Metall, 1995

Die *eine* Zukunft: Krieg gegen die Natur

Der Wald stirbt. Mehr als die Hälfte aller Laubbäume und fast vier Fünftel der Nadelbäume in der Bundesrepublik zeigen deutliche Krankheitssymptome. Ein beträchtlicher Teil davon ist bereits so geschädigt, daß die Bäume sich nicht erholen werden. Schon gibt es die ersten größeren Flächen, die ganz abgestorben sind. Im Harz und im Schwarzwald sind ganze Bergkuppen entwaldet, verwüstet.

Bald wird hier der fruchtbare Boden weggespült sein. Nichts wird hier mehr wachsen können.

30 % aller Vogel- und Säugetierarten sind in Deutschland vom Aussterben bedroht. Jedes Jahr sterben weltweit über 30 000 Tierarten aus – ein Reichtum, der unwiederbringlich verlorengeht. Der fortschreitende Abbau der schützenden Ozonschicht hat bereits eine deutliche Zunahme von Hautkrebserkrankungen zur Folge.

Die *andere* Zukunft: Anders leben und produzieren

Industrie und Kraftwerke laufen zwar auch ohne Umweltauflagen. Autos können auch ohne Katalysator fahren. Aber mit Abgasreinigung und Filteranlagen und mit verbesserten, ökologisch angepaßten Produktionsverfahren könnte die Umwelt erhalten bleiben. Jeder weiß, Umweltschutz kostet viel Geld. Das Geld dafür ist vorhanden. Es steckt in der Rüstung.

> »Die Aufgaben und Ziele der IG Metall sind insbesondere: (...) Demokratisierung der Wirtschaft unter Fernhaltung von neofaschistischen, militaristischen und reaktionären Elementen.«
>
> *Satzung der IG Metall, § 2*

Die *eine* Zukunft: Die Zweidrittelgesellschaft

Die Massenarbeitslosigkeit geht ins zweite Jahrzehnt. Sie bleibt nach den Prognosen der verantwortlichen Unternehmer und der

Regierungsberater auf Jahre hinaus unverändert hoch. Die Arbeitslosen, die SozialhilfeempfängerInnen und ihre Familien sind von Reichtum und gesellschaftlicher Teilhabe weitgehend ausgeschlossen. Die Zweidrittelgesellschaft ist für sie schon heute Realität. Die Menschen im Gebiet der ehemaligen DDR sind in besonderer Weise betroffen. Während die Preise in allen Bereichen längst Westniveau erreicht haben, betragen die Löhne zur Zeit nur 60 bis 90 % der westlichen Lohnhöhe. Gleichzeitig gibt es eine Verteuerung der Wohnungsmieten, Kinderbetreuungseinrichtungen und Jugendtreffs wurden geschlossen. Millionen sind bereits arbeitslos oder müssen dies befürchten, falls auch ihr Werk schließt oder sie in Zukunft ihre Kinder selbst betreuen müssen. Für Jugendliche – insbesondere für junge Frauen – gibt es kaum noch qualifizierte Ausbildungsplätze und damit keine Lebensperspektive in ihren Heimatstädten und -dörfern.

Die *andere* Zukunft: Arbeit, Ausbildung und soziale Sicherheit für alle

Es gibt genug Arbeit in der Bundesrepublik Deutschland, nicht zuletzt auch in den fünf neuen Bundesländern. Umweltschutz, ökologische und sozial verträgliche Produktionsverfahren und angemessene Technologien für die »Dritte Welt« würden viele neue Arbeitsplätze erfordern. Abrüstung könnte hierfür die notwendigen Geldmittel freisetzen. Abrüstung schafft Arbeitsplätze!

Um allen Jugendlichen zu ermöglichen, einen qualifizierten Beruf zu erlernen, muß eine Umlagefinanzierung nach dem Motto »Wer nicht ausbildet, muß zahlen« her. Unternehmer müssen gesetzlich oder tarifvertraglich verpflichtet werden, ihrer Ausbildungspflicht nachzukommen. Die Zukunftsinteressen junger Menschen dürfen nicht von der unternehmerischen Sachzwanglogik oder den Zufälligkeiten des »Marktes« abhängig sein.

Es geht heute darum, was produziert wird, wie produziert wird und wie lange der/die einzelne täglich arbeiten soll. Abrüstung würde es ermöglichen, die Arbeitszeit weiter zu verkürzen.

Die Beschäftigten haben in verschiedenen Betrieben der Metallbranche Pläne entwickelt, welche zukunftsträchtigen, ökologisch sinnvollen und zugleich absetzbaren Produkte hergestellt werden könnten. Auch die Erfahrungen aus der ehemaligen Sowjetunion bei der Umstellung der Rüstungsbetriebe könnten dazu genutzt werden.

Rüstung und Krieg sind vielfältig mit den anderen globalen Problemen der Menschheit verwoben. Militär und Aufrüstung können keines dieser Probleme lösen. Sie führen in die Sackgasse. Der Weg in eine andere Zukunft erfordert Abrüstung, den Abbau von Feindbildern und die Überwindung militärischen Denkens.

Kriegsdienstverweigerung kann hierzu beitragen. Sie ist ein persönlicher Schritt, den jeder Wehrpflichtige machen kann.

Grundsatzerklärung der DFG-VK

»Der Krieg ist ein Verbrechen an der Menschheit. Ich bin daher entschlossen, keine Art von Krieg zu unterstützen und an der Beseitigung aller Kriegsursachen mitzuarbeiten.«

Diese Erklärung stammt aus dem Jahr 1921, als sich nach dem Ersten Weltkrieg Kriegsdienstverweigerer aus mehreren kriegsbeteiligten Ländern erstmals zu einer internationalen Organisation, der Internationale der Kriegsgegner (WRI), zusammenschlossen. Heute ist sie die Grundsatzerklärung der Deutschen Friedensgesellschaft-Vereinigte KriegsdienstgegnerInnen (DFG-VK), zu der sich jedes Mitglied der DFG-VK bekennt.

Über wirkungsvollen Pazifismus

Daß niemand gezwungen werden kann, einer Einberufungsorder zu folgen – daß also zunächst einmal die seelische Zwangsvorstellung auszurotten ist, die den Menschen glauben macht, er müsse, müsse, müsse traben, wenn es bläst. Man muß gar nicht. Denn dies ist eine simple, eine primitive, eine einfach große Wahrheit: Man kann nämlich auch zuhause bleiben.

Kurt Tucholsky, 1927

Quelle: Kurt Tucholsky, GESAMMELTE WERKE
Copyright ©1960 by Rowohlt Verlag GmbH, Reinbek

Für den Frieden produzieren

Der gewerkschaftliche Auftrag für Frieden

Das gewerkschaftliche Ziel – bessere und menschengerechte Arbeits- und Lebensbedingungen herzustellen – steht in engem Zusammenhang mit dem Streben nach Frieden und Abrüstung. Sozialer Fortschritt läßt sich nur in einem Zustand des Friedens verwirklichen. Krieg und dessen Vorbereitung heißt immer, die Gesellschaft in allen Bereichen auf das eine ausschließliche Ziel der Kriegführung auszurichten. Was auch immer diesem Ziel hinderlich ist, vor allem gewerkschaftliche und politische Gegenwehr, stört in diesem Konzept und soll somit ausgeschaltet werden. Nicht ohne Grund war es eines der ersten Ziele der Nationalsozialisten, die Arbeiterbewegung zu zerschlagen.

ArbeitnehmerInnen und ihre Familien waren und sind die Hauptleidtragenden von Kriegen. Sei es, daß sie als »Kanonenfutter« mißbraucht werden, sei es, daß sich ihre Lebensbedingungen durch die Kriegsproduktion verschlechtern. Auch in Zeiten ohne Krieg, in denen für den »Ernstfall« gerüstet wird, sind die ArbeitnehmerInnen von den Rüstungslasten betroffen. Ressourcen und geschaffene Werte stehen dann eben nicht zur Verbesserung ihrer Lebens- und Arbeitsbedingungen oder für die Aufhebung sozialer Ungerechtigkeiten zur Verfügung.

> *Jugend will Zukunft – wir mischen uns ein!*
>
> Die Lebenssituation vieler Menschen in der Bundesrepublik verschlechtert sich dramatisch: Massen- und Langzeitarbeitslosigkeit breiten sich immer weiter aus, mehr und mehr Menschen fallen durch das Netz sozialer Sicherheit und leben am Rande des Existenzminimums; die Mieten explodieren, weil Millionen von Wohnungen fehlen. Die Staatsfinanzen sind so zerrüttet, daß noch Generationen schuften müssen, um die Schuldenberge abzutragen. Die Regierenden sehen tatenlos zu, wie ständig neue ökologische Zeitbomben explodieren – diese Gesellschaft lebt auf Kosten zukünftiger Generationen, sie eröffnet der Jugend immer weniger Aussichten auf eine gesicherte Zukunft. Die Sicherung der Zukunftschancen von Jugendlichen muß eine vorrangige Aufgabe der Politik sein!
>
> *Aus dem Aufruf des Jugendbündnisses 94 »Macht mit – mit Macht!«*

Fragwürdigkeit der Bonner Politik

Obwohl das politische Klima in Europa, die Auflösung des Ost-West-Gegensatzes, die Überwindung der Ära des Kalten Krieges geradezu konsequente Abrüstungsschritte erfordert und auch ermöglicht hätten, klammert sich die Regierungskoalition aus CDU/CSU und F.D.P. in ihrer Politik nach wie vor an die Ideologie der Abschreckungsdoktrin. Nach wie vor werden jährlich etwa 50 Milliarden DM für den Haushalt des Verteidigungsministeriums ausgegeben, zusätzlich dazu die in anderen Haushaltstiteln »versteckten« Rüstungsausgaben.

Doch das reicht den Regierenden noch lange nicht. So dachte Verteidigungsminister Volker Rühe (CDU) aus Anlaß des Bundeswehreinsatzes in Somalia laut darüber nach, Auslandseinsätze der Bundeswehr im Rahmen der UNO künftig aus dem Haushaltsposten zu finanzieren, der für Entwicklungshilfe vorgesehen war.

Die »Friedensdividende« – die durch die Abrüstung freiwerdenden Geldmittel – wird nicht für Umweltschutzmaßnahmen oder Entwicklungsprojekte umgewidmet, sondern zur Produktion noch treffsicherer, noch mörderischerer Waffen verschwendet, zum Beispiel für das inzwischen unter dem Namen »Eurofighter« geplante Kampfflugzeug. Abrüstung wird zur Umrüstung, im Rahmen der Umstrukturierung der Bundeswehr für neue Aufgaben.

Während die Ausgaben für militärische Forschung nach wie vor steigen, hat die Bundesregierung die Zuschüsse für die Friedens- und Konfliktforschung fast vollständig gestrichen.

Politik als Handlangerin der Rüstungslobby?

Der Rüstungsindustrie werden durch die politisch Verantwortlichen in Bonn falsche Signale gegeben. Aber auch die Abhängigkeit der Politik von wirtschaftlicher Macht wird damit sichtbar. (Diese Zusammenhänge nennt man militärisch-industriellen Komplex.)

> *»BDI für erleichterten Rüstungsexport.* Eine Lockerung der strengen Bestimmungen in Deutschland für den Export von Rüstungsgütern hat der Bundesverband der Deutschen Industrie angemahnt...« (Die Welt, 9. April 1994)

> *»Bundesregierung lockert Auflagen für den Export.* Die Bundesregierung hat ihre Auflagen, die den Export deutscher Waffentechnologie in Länder außerhalb der NATO beschränken, gelockert. Darüber unterrichtete Bundeswirtschaftsminister Günter Rexrodt (F.D.P.) den Bundesverband der Industrie (BDI) in einem am Montag zugesandten Brief...« (Frankfurter Rundschau, 31. 5. 1994)

Beschaffungsprogramme des Verteidigungsministeriums setzen die sonst hochgelobten Marktmechanismen außer Kraft:

- Es gibt einen übersichtlichen Markt;
- man braucht keine aufwendigen Werbekampagnen, um ein Produkt auf den Markt zu bringen;
- es gibt keine Konkurrenten, die dieselben Produkte billiger anbieten;
- der Absatz ist durch die staatliche Abnahme langfristig garantiert.

Kurzum: Ein Markt, der das Monopol der Rüstungsindustrie gefährden könnte, existiert nicht.

Unternehmer verstehen es sehr gut, ihre Profitinteressen als Sachzwang darzustellen. Häufig genug muß dann auch noch das Argument der Arbeitsplätze herhalten; obwohl wissenschaftliche Untersuchungen bewiesen haben: Zivile Investitionen und Produktionen sind wesentlich beschäftigungswirksamer.

> *Europäischer Metallgewerkschaftsbund (EMB):*
>
> Stellungnahme zu Frieden, Abrüstung, Beschäftigung und alternative Produktionen:

> »Der EMB ist davon überzeugt, daß die Rüstungsproduktion den Arbeitnehmerinteressen entgegensteht. Sie steigert die Kriegsgefahr, wie dies der Golf-Konflikt beweist (da der Irak seine Streitkräfte nur dank Rüstungslieferungen aus Ost und West entwickeln konnte). Darüber hinaus verhindern die in Rüstung fließenden Beträge die Verwirklichung von gesellschaftlichen, ökologischen und wirtschaftlichen Aufgaben. Deshalb kann die Erhaltung von Arbeitsplätzen nicht als Argument gegen Abrüstung bzw. für eine Steigerung der Rüstungsproduktion verwendet werden.«

Die Zusammenhänge zwischen militärischer Überrüstung und sozialer Abrüstung lassen das dahinterstehende Politikkonzept deutlich werden. Eine Politik, die nicht an den Bedürfnissen und Interessen der Bevölkerung, also der ArbeitnehmerInnen und ihrer Familien, orientiert ist. Um den Abrüstungswillen der ehemaligen DDR war es in ihrer Endphase besser bestellt. Es gab einen Minister für Verteidigung und Abrüstung und es wurde ein Amt für Konversion eingerichtet.

Rüstungskonzerne und das Ende des Kalten Krieges

Weltweit sind von der Rüstungsproduktion und den Rüstungshaushalten direkt ca. 55 Millionen Menschen abhängig. In der BRD belief sich diese Zahl 1990 (neuere Zahlen liegen noch nicht vor) auf insgesamt ca. 1,7 Millionen.

Rüstungsabhängig Beschäftigte*

Inland	256 000
durch Rüstungsexporte	37 000
durch ausländische Stationierung	190 000

Militärabhängig Beschäftigte*

Soldaten der Bundeswehr	481 000
Zivilbeschäftigte bei der Bundeswehr	182 000
Zivilbeschäftigte bei den ausländischen Stationierungstruppen	106 000
Zivilbeschäftigte bei den Alliierten in Berlin (West)	11 000
Zivilschutz und Zivildienst	42 000

* Vorstehende Zahlen beziehen sich auf das Jahr 1990 sowie ausschließlich auf die alten Bundesländer ohne Beschäftigte im Gebiet der ehemaligen DDR.

Der seit 1990 eingetretene Schrumpfungsprozeß in der deutschen Rüstungsproduktion hat dazu geführt, daß sich die Zahl der direkt in der Rüstungsindustrie arbeitenden Menschen innerhalb der letzten fünf Jahre mehr als halbiert hat. Von ehemals fast 300 000 Beschäftigten in der Rüstungsindustrie arbeiten heute nur noch etwa 120 000. Nach Angaben der Wehrtechnikindustrie wird mit einem weiteren Abbau gerechnet, so daß sich die Zahl Ende 1995 bei ca. 100 000 eingependelt hat.

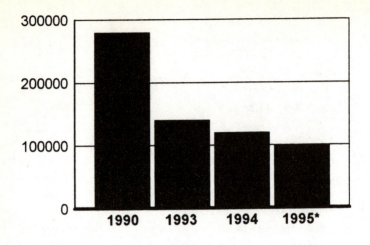

* Schätzung
ArbeitnehmerInnen in der Rüstungsproduktion
Quelle: Die Zeit vom 21. 7. 1995

Die größten Rüstungsfirmen Deutschlands

Firma	Rüstungs-produkte	Rüstungs-umsatz in Mio. DM 1988	1991	Anteil am Gesamtumsatz in %	Beschäftigte
Daimler Benz	Fa, Fl, H, R, El, T	6 000	6 500	7	379 250
- DASA	Fl, H, R, El, T		6 014	49	56 465
- MBB	Fl, H, R, El,	3 500	2 550	51	20 730
- Telefunken System T.	El		1 350	83	8 846
- MTU	T	1 700	1 137	32	17 052
- Dornier	Fl, El, R	1 000	1 075	45	9 527
- Mercedes Benz	Fa	675	500	1	237 442
Siemens	El	1 400	1 500	2	402 000
Diehl	El, I, R	1 075	1 362	44	15 529
- Bodenseewerke	R	175	190	67*	keine Angabe
Bremer Vulkan	Sch, El	225	1 300	39	15 021
- Systemtechnik Nord	El	--	710	75	2 441
- Atlas Elektronik	El	512**	474	59	4 259
Rheinmetall	A, I	1 150	1 280	37	148 557
- MAK System Ges.	Fa, S	400***	k. A.	k. A.	k. A.
Thyssen	Fa, Sch	1 050	1 280	4	148 557
- Blohm & Voss	Sch, Fa	450	660	49	5 758
- Nordseewerke	Sch	k. A.	320	64	2 084
- Henschel	Fa	k. A.	300	22	3 976

Firma	Rüstungs-produkte	Rüstungs-umsatz in Mio. DM 1988	1991	Anteil am Ge-samtum-satz in %	Beschäf-tigte
Mannesmann	Fa	--	657	3	125 188
- Kraus Maffei	Fa	660	657	46	5 004
Lürssen	Sch	300	640*	81*	1 080*
HDW	Sch	550	490	42	4 866
MAN	Fa, Sch	125	385	2	64 170
Dynamit Nobel	I, S	247	320	18	8 646*
Bosch	El	220	250	1	181 498
BMW/Rolls Royce	T	--	200*	100*	1 000*
IABG	S	200	145	51	1 650
IWKA	A	150	152	8	8 539
Krupp	Fa	900	k. A.	k. A.	k. A.
SEL	El	555	k. A.	k. A.	k. A.
Wegmann	Fa	450	k. A.	k. A.	k. A.
Rhode & Schwarz	El	240	k. A.	k. A.	k. A.

* Zahlen für 1990 ** 1988 = Krupp Atlas Elektronik *** 1988 = Krupp MAK; nur ein Teil der Firma wurde von Rheinmetall übernommen

Rüstungsprodukte: A = Artillerie; El = Elektronik; Fa = Fahrzeuge; Fl = Flugzeuge; H = Hubschrauber; I = Infanteriewaffen; S = Sonstiges; Sch = Schiffe; T = Triebwerke

Quelle: ISA Consult: Rüstung und Abrüstung in Deutschland. Perspektiven für Rüstungsindustrie und Rüstungskonversion, Hamburg/Bochum 1993

(Neuere Zahlen befinden sich in: SIPRI Yearbook 1995, Armaments, Disarmament and International Security; Oxford 1995.)

Wie so oft im Leben, hat die Medaille zwei Seiten: Einerseits wird erstmals in der Menschheitsgeschichte abgerüstet. Es wird tatsächlich militärisches Gerät verschrottet. Armeen werden verkleinert, u.a. die Bundeswehr auf 340 000 Mann reduziert. Dies ist vor allem durch die Politik des »Neuen Denkens«, der Perestroika und Glasnost des ehemaligen sowjetischen Parteivorsitzenden Gorbatschow, möglich geworden. Andererseits werden regionale Krisenherde wie der Golf genutzt, um mit Rüstungsexporten Geld zu verdienen bzw. Krieg als Fortsetzung der Politik mit anderen Mitteln zu rechtfertigen. Nur allzuviele Waffen, die aufgrund der Abrüstungsvereinbarungen abgeschafft werden müßten, werden einfach exportiert und richten nun in anderen Teilen der Welt ihr Unheil an. Vor allem die Waffensysteme der NVA wurden auf diese bequeme Art und Weise »entsorgt«. Die türkischen Militärs erhielten auf diesem Weg kostenloses Material für ihren Krieg gegen die Kurden, die indonesische Diktatur wurde mit preiswerten Kriegsschiffen unterstützt.

1500 NATO-Panzer als Geschenk an die Türkei

Die NATO hat der Türkei nach Informationen des Südwestfunks (SWF) in den letzten zwei Jahren mehr als 1500 Kampfpanzer und gepanzerte Fahrzeuge geschenkt, die auch in den Kurdengebieten eingesetzt werden können. Der türkische Verteidigungsminister Mehmet Gölhan sagte in einem Interview des Senders: »Die Militärhilfe, die wir von Deutschland erhielten, würden wir gegen die PKK einsetzen, nicht gegen die Kurden.« Der überwiegende Teil des an die Türkei verschenkten Rüstungsgerätes, so der SWF, stamme aus deutschen Depots der Bundeswehr und der US-Army. Die Waffen würden in Rotterdam verladen und über den Industriehafen Iskenderun auch in den äußersten Osten der Türkei verschifft. Iskenderun gehöre nicht mehr zum

> Anwendungsgebiet des Vertrages zur Begrenzung konventioneller Streitkräfte in Europa von 1990.
>
> *Die Welt vom 2. 4. 1994*

Nach den Ergebnissen einer Studie des US-Kongresses wurden im Zeitraum 1986 bis 1993 rund 72 % aller Käufe konventioneller Waffen von Staaten der »Dritten Welt« getätigt. Und auch Deutschland ist als Exporteur daran beteiligt. In den vergangenen Jahren wurden die Exportrichtlinien für Rüstungsgüter derart aufgeweicht, daß insbesondere die in Kooperation mit anderen EU-Ländern hergestellten Waffen mittlerweile keinerlei Beschränkungen mehr unterliegen. Deutschland ist inzwischen zum zweitgrößten Waffenexporteur aufgestiegen. Eine heuchlerische Politik, denn Rüstungsgüter werden auch in solche Länder exportiert, die diese Waffen nutzen, um ihre Unterdrückungs- und Unrechtssysteme aufrechtzuerhalten und Menschenrechte mit Füßen treten.

Gerade der Nord-Süd-Konflikt birgt die größten Kriegsgefahren, konkret: die Ungerechtigkeiten der herrschenden Weltwirtschaftsordnung, die Schuldenkrise, die nicht überwundenen Folgen des Kolonialismus, die Hungerkatastrophen, der drohende Klimakollaps, wie die Klimaveränderungen ihn ankündigen, der Kampf um Einflußsphären in der Welt, nicht zuletzt die Absicherung von billigen Rohstoffmärkten – gehe es um das Interesse der Industrienationen an nicht erneuerbaren Energien wie Erdöl oder um den zunehmenden, immer schwerer zu befriedigenden Wasserbedarf der armen Länder. Dies alles kann sich zu schwerwiegenden regionalen Krisen ausweiten, die sich zunehmend global auswirken. Mit weltweiten Folgen für die Menschen. Es ist zu befürchten, daß Auseinandersetzungen mit militärischen Mitteln zunehmen werden. Derzeit toben insgesamt 43 bewaffnete Konflikte auf der Welt – mehr als je zuvor.

Militärlieferungen und Armut in Afrika

Der neue Leiter des Entwicklungsprogramms der Vereinten Nationen (UNDP), James Gustave Seth, hat ein Lieferverbot für Waffen in die Krisengebiete Afrikas gefordert. Vor dem Afrikanisch-Amerikanischen Institut in New York nannte er die Länder Burundi, Zaire, Kamerun und Nigeria als Kandidaten für einen solchen Lieferstopp.

Seth macht die Militärhilfe der Industriestaaten für die Armut in der »Dritten Welt« mitverantwortlich. Sie verdienten an Waffenlieferungen doppelt soviel, wie sie für Entwicklungshilfe ausgäben. Konflikte und Kriege verschlängen Mittel, die sonst für Bildung, Gesundheitsfürsorge, Wohnungsbau und andere Entwicklungsbereiche ausgegeben werden könnten, sagte Seth.

Die Entwicklungshilfe der Industriestaaten bezifferte er auf etwa 100 Milliarden Mark im Jahr, die Gewinne aus Rüstungsgeschäften mit Entwicklungsländern beliefen sich dagegen auf rund 206 Milliarden Mark jährlich.

Seth plädierte dafür, die Entwicklungshilfe, aber auch den Schuldenerlaß an die Bereitschaft der Regierungen zu koppeln, Frieden, Sicherheit und Entwicklung zu fördern.

Frankfurter Rundschau vom 26. 5. 1994

> *Lesetip*
>
> Wer sich über das Thema Rüstungsproduktion und Rüstungshaushalt weiter informieren möchte, dem empfehlen wir weiterzulesen in
> - Arbeitsprogramm Rüstungskonversion der IG Metall
> - »Konversion – Eine Strategie für soziale Bewegungen zur Umgestaltung der Industriegesellschaft?«, erhältlich bei der DFG-VK
> - Ein umfangreiches Handbuch zur betrieblichen Konversion kann bezogen werden bei der Technologiestiftung Schleswig-Holstein, Lorentzdamm 21, 24103 Kiel

**Gefahr für Rüstungsproduktion –
Chancen für zivile Produktion**

Die widersprüchliche Entwicklung, die Ost-West-Entspannung mit konkreten Abrüstungsmaßnahmen einerseits und die Verhärtung des Nord-Süd-Konfliktes andererseits und die militärische Eskalation, wie sie im Golfkrieg sichtbar wurde, ist auch bei der Rüstungsindustrie zu beobachten. Abgesehen von Rüstungsexporten soll zwar weniger produziert werden, aber die Modernisierung schafft Ausgleich. »Mehr Wirksamkeit für weniger Waffen« nennt das Generalleutnant a.D. L. Domröse, der Präsident der Clausewitz-Gesellschaft. Dennoch: Die Abrüstungsvereinbarungen zeigen bereits weltweit Wirkungen. Nach Angaben von SIPRI, dem renommierten Stockholmer Friedensforschungsinstitut, sind ca. 100 000 Arbeitsplätze dem »Abrüstungsschock« zum Opfer gefallen.

Die Chancen und Hoffnungen für eine tiefgreifende gesellschaftliche Konversion – Demilitarisierung – sind gegeben. Entscheidend hierfür ist, ob sich die Politik diesem Ziel verpflichtet fühlt und ob es den Gewerkschaften im Zusammenwirken mit den Organisationen der Friedensbewegung gelingt, Einfluß zu nehmen, damit Kasernen zu Wohnraum, militärisches Übungsgelände zu Naturschutzparks und statt Waffen zum Töten, Güter für das Leben produziert werden.

> Eine zum Patent angemeldete Idee der Beratungsfirma Frank Abels Consulting, die zur Wegmann-Gruppe gehört, wird zur Zeit in Bonn geprüft. Sie sieht vor, die Panzer nach Entsorgung von Öl- und Hydraulikflüssigkeit in Beton einzugießen und sie als Grünfläche für Mülldeponien, Straßen oder Flugplätze zu verwenden. Oder, mehr geschichtsträchtig, die mit Beton ausgegossenen und somit unbrauchbar gemachten Kampfmaschinen zu einer Gedenkstätte mit Aussichtsturm zu versammeln. Einen Text für diese Gedenktafel hat sich die Consulting-Firma bereits einfallen lassen: »Hier stehen 10 000 Panzer als Mahnmal wider die Hochrüstung. Die Beschaffungs- und Nutzungskosten zu ihrer Zeit betrugen etwa 90 Milliarden Mark, das entsprach etwa dem Wert von 900 000 Wohnungen«.
>
> *Rheinischer Merkur / Christ und Welt vom Januar 1991*

Gewerkschaftliches Engagement war nie darauf beschränkt, nur mehr Lohn oder bessere Arbeitsbedingungen durchzusetzen. Die Gewerkschaften fordern seit jeher eine qualifizierte Mitbestimmung, um auf Entscheidungen der Betriebe, die Investitionen und Produktionsprogramme Einfluß zu nehmen. Die derzeitigen gesellschaftlichen Verhältnisse sind jedoch so gestaltet, daß die UnternehmerInnen die alleinige Verfügungsgewalt über die Produktionsmittel haben. Damit bestimmen die UnternehmerInnen über die Zukunft eines Betriebes und die Sicherheit der Arbeitsplätze. Hiermit haben sich die Gewerkschaften nie abgefunden. Gewerkschaftliche Politik, die nicht nur reagierend die Folgen unternehmerischer Entscheidungen sozialverträglich »abfedern« will, muß versuchen, durch Aktivitäten im Betrieb und in der Öffentlichkeit Druck auszuüben, um im Sinne der ArbeitnehmerInnen auf Investitions- und Produktionsprogramme Einfluß zu nehmen.

> Angesichts der bevorstehenden Kürzung der Rüstungsaufträge an die Industrie geht es für die Arbeitnehmer in erster Linie um den Erhalt der Arbeitsplätze. Wenn Entlassungen in den nächsten Jahren vermieden werden können, dann nur, wenn die Unternehmen an Stelle der ausfallenden Rüstungsgüter andere, zivile Produkte produzieren. Deshalb ist die Rüstungsindustrie ein Fall, wo die gewerkschaftliche Forderung nach Produkt-Mitbestimmung für einen ganzen Wirtschaftszweig auf der Tagesordnung steht.
>
> *Arbeitsprogramm Rüstungskonversion der IG Metall*

Immer wieder wird angeführt, daß die Rüstung den Arbeitsplätzen dient. Natürlich wollen die Gewerkschaften für die ArbeitnehmerInnen sichere Arbeitsplätze. Aber nicht durch Rüstung, sondern durch Abrüstung. Hierzu ist Phantasie und Kreativität gefragt. In immer mehr Betrieben denken KollegInnen darüber nach, was und wie produziert wird, was die Bedürfnisse der Menschen befriedigt, was die Umwelt schützt.

Was heißt Rüstungskonversion?

Der Begriff Konversion bezeichnet die planvolle Umstellung der Produktion von Waffen und anderen militärischen Gütern auf zivile Fertigung. Produktumstellung, die Herstellung sozial nützlicher und ökologischer Güter, hat an Aktualität gewonnen. Ob Rüstungsbetriebe auf zivile Produktion umstellen, ob statt Waffen gesellschaftlich nützliche und sinnvolle Produkte hergestellt werden können, ist keine akademische Frage. Es gibt gute Gründe, Rüstungsarbeitsplätze zu Zivilarbeitsplätzen umzugestalten: Immer wieder werden Fälle bekannt, in denen Betriebe bis zum Ende der Auftragsbestände geradezu ausgequetscht werden, ohne daß Vorsorge für die langfristige Sicherung der Arbeitsplätze getroffen wurde. Gerade Betriebe mit Rüstungsproduktion leiden darunter. Militärische Aufträge richten sich nach dem Beschaffungsbedarf eigener oder ausländischer Armeen. Dieser wird politisch festgelegt, ist variabel und unsicher. Ist ein Beschaffungsplan nach einigen Jahren ausgelaufen, wie z. B. beim Tornado, ist damit die Produktion nicht mehr ausgelastet. Es stellt sich die Frage: Was nun? Eine kontinuierliche Auslastung der Produktionskapazitäten ist nicht möglich. Für den Export kommt hinzu, daß der internationale Markt für Rüstungsgüter ein ausgesprochen instabiler Markt ist, abgesehen davon, daß die Waffen zum Töten bestimmt sind. Auslastungsprobleme führen immer wieder dazu, daß gerade RüstungsarbeitnehmerInnen von Entlassungen betroffen werden. Die Sicherheit ihrer Arbeitsplätze ist geringer als in vergleichbaren zivilen Bereichen. Hinzu kommen auch hier teilweise extreme Rationalisierungswirkungen. Gerade in einer Zeit, in der Abrüstungsverträge abgeschlossen werden, Feindbilder und Bedrohungsängste schwinden, ist es notwendig, daß die Betriebe Vorsorge leisten und die Rüstungsproduktion zugunsten zukunftsträchtiger Produktion umbauen. Alternative Produktion muß jetzt also geplant und durchgeführt werden, um die Abrüstung zu fördern. Viel zu selten wird von den Unternehmen selbst ernsthaft der Versuch unternommen, neuartige, gesellschaftlich sinnvolle Produkte zu entwickeln. Unternehmerische Kreativität ist oft Mangelware. Deshalb sind in Rüstungsbetrieben gewerkschaftliche Arbeitskreise »Alternative Fertigung« oder »Neue Produkte« entstanden. Sie wollen die Rüstungsabhängigkeit verringern, weil sie aus Erfahrung wissen, daß Rüstungsarbeitsplätze unsichere Arbeitsplätze sind. Die Arbeitskreise wollen noch stärker als bisher Konversion als gesellschaftliches Projekt bewußt machen, das nicht nur im Rüstungssektor überfällig ist. Der Experte des IG Metall-Vorstands in Sachen Rüstungskonversion, R. Kuhlmann, sagte hierzu auf einer Konversionstagung: *»Die politische Debatte um ein anderes Wachstums-, Wohlstands- und Entwicklungsmodell muß geführt werden.«* Es geht also darum, die Ansätze der IG Metall zu einer alternativen Beschäftigungspolitik mit den notwendigen Konversionsbemühungen nach dem Motto »Beschäftigungspläne statt Entlassungspläne« zu verknüpfen.

Wer seine Arbeitskraft gegen Lohn verkauft, hat zu arbeiten. Die Kapitaleigner oder deren Beauftragte bestimmen, was und wie hergestellt wird. Diese traditionelle Rollenverteilung in unserer Gesellschaftsstruktur wird durch die Arbeit der Arbeitskreise damit in Frage gestellt.

Rüstungskonversion

Quelle: Arbeiter- und Angestelltenkammer Bremen: Rüstungskonversion im Lande Bremen, Bremen 1992

Arbeitsprogramm Rüstungskonversion der IG Metall

Das Programm zielt darauf ab, Ansätze aufzuzeigen, daß zivile, sozial sinnvolle Alternativen zur Rüstungsproduktion vorhanden sind. Die Reduzierung der Rüstungsausgaben würde den Spielraum vergrößern, solche Alternativen in Realität umzusetzen. Entscheidungen für ein Produkt dürfen heute eben nicht nur von der Frage bestimmt sein, ob es am Markt absetzbar ist und dem Profit dient. Ziele, wie die Sicherung der Arbeitsplätze, soziale Gestaltung und soziale Arbeitsbedingungen und die ökologischen und friedlichen Auswirkungen, müssen bestimmend sein. In diesem Sinne hat innerhalb der IG Metall ein Umdenken eingesetzt. Mit der Initiative des Arbeitsprogrammes Rüstungskonversion wurde dieser Umdenkprozeß aufgegriffen. Darin werden u. a. die Forderungen gegenüber den politisch Verantwortlichen dokumentiert:

- die Bildung einer nationalen Konversionskonferenz;
- die Einrichtung eines Konversionsfonds, der aus Kürzungen des Rüstungshaushalts und Mitteln der Rüstungsindustrie gespeist wird;
- den Aufbau einer Konversionsagentur, die Umstellungsprozesse fördert.

Anknüpfend an bisherige örtliche und betriebliche Aktivitäten werden in dem Programm Konsequenzen für das gewerkschaftliche Handeln aufgezeigt, u. a. die Schaffung eines Netzwerks »Alternative Produktion«, in dem Akteure, betriebliche Arbeitskreise, WissenschaftlerInnen und BündnispartnerInnen aus dem gesellschaftlichen Bereich zusammenwirken.

Klaus Zwickel: »Keine Erleichterung von Waffenexporten!«

Die IG Metall hält eine Erleichterung der Waffenexporte für gefährlich und perspektivlos. Es sei unverantwortlich, das Arbeitsplatzargument zu mißbrauchen, um sich aus wohlüberlegten selbstauferlegten Beschränkungen davonzustehlen, warf der Vorsitzende der IG Metall, Klaus Zwickel, der Bundesregierung und Teilen der CDU (...) vor. An Waffen gebe es in der Welt keinen Mangel, wohl aber an industriepolitischen Entwicklungskonzepten in der Bundesrepublik.

Der grassierenden Arbeitsplatzangst der Menschen in der wehrtechnischen Industrie könne nur durch eine stetige und verläßliche Industrie- und Verteidigungspolitik begegnet werden. Die Verteidigungspolitik müsse endlich Klarheit über Aufgabenzuschnitt und Finanzrahmen der Bundeswehr und damit über ihre Ausrüstung schaffen. Das konzeptionslose Kürzungstheater verunsichere nicht nur die Bundeswehr, sondern auch die Beschäftigten in der wehrtechnischen Industrie.

Der IG Metall-Vorsitzende forderte die Bundesregierung auf, umgehend eine vorausschauende Industriepolitik der Umwandlung von militärischen hin zu zivilen Produkten anzuschieben. Nur dann könnten die Beschäftigten Klarheit über ihre Zukunftsperspektiven gewinnen. Versäumnisse der Vergangenheit bei der Rüstungskonversion könnten nicht durch hektische Betriebsamkeit bei Exporterleichterungen wettgemacht werden.

Der finanzpolitische Wirrwarr um den Verteidigungshaushalt sei der eigentliche Hintergrund der Unsicherheiten in der wehrtechnischen Industrie, sagte Zwickel. Jetzt solle das Exportventil geöffnet werden, weil die Anpassung an zurückgehende Verteidigungsaufwendungen über gezielte Konversionsinitiativen für zivile Produkte verweigert und verschlafen worden seien.

Hier bestehe dringender Handlungsbedarf für jeden, der die Arbeitsplatzangst der Menschen ernst nehme. Zwickel:

> »In der Exportpolitik müssen wir unsere deutschen Standards halten und in eine europäische Regelung einbringen.«
>
> *Metall-Pressedienst vom 12. 1. 1994*

Als junger Mann wirst du zwangsweise mit der Frage konfrontiert, ob du es verantworten kannst, zum Bund zu gehen, dich im Kriegshandwerk ausbilden zu lassen, töten zu lernen. Aber auch als KollegIn im Betrieb der Metallindustrie werden viele – vielleicht auch du – bei der Arbeit mit der Rüstungsfrage konfrontiert. »Woran arbeiten wir da eigentlich? Wozu dient das? Ist es sinnvoll? Wem hilft es? Oder wird damit getötet?« Diese Fragen sind gerade für dich als jüngeren Kollegen/Kollegin besonders dringend, weil die »falsche« Produktion die Zukunft der Menschheit – also auch deine vernichten kann.

> *Verweigerung von Rüstungsarbeiten*
> *aus Gewissensgründen möglich*
>
> Arbeitnehmer können vom Arbeitgeber nicht gezwungen werden, Tätigkeiten zu verrichten, die gegen ihr Gewissen verstoßen. Nach einem Urteil des Bundesarbeitsgerichts vom 24. Mai 1989 darf der Arbeitgeber in diesen Fällen Arbeitnehmer nicht wegen Arbeitsverweigerung entlassen, sondern muß ihnen auf Verlangen andere Tätigkeiten übertragen. Nur wenn das aus betrieblichen Gründen nicht möglich ist, kann der Arbeitgeber das Beschäftigungsverhältnis durch eine ordentliche Kündigung auflösen. Gegenstand der Entscheidung des Bundesarbeitsgerichts war folgender Fall:
> In einem Unternehmen der Arzneimittelindustrie waren Ärzte damit beauftragt worden, eine neue medizinische Sub-

stanz zu entwickeln, die in besonderem Maße geeignet sein sollte, gegen die sogenannte Strahlenkrankheit eingesetzt zu werden. So z. B. gegen das Erbrechen, das als Folge einer nuklearen Verseuchung in einem Atomkrieg auftritt, damit Soldaten während eines Angriffs – zumindest noch für eine gewisse Zeit – weiterkämpfen können. Man hoffte, daß damit ein Atomkrieg möglicherweise »handhabbarer« würde. Die mit der Erforschung des Atomkriegspräparats beauftragten Ärzte weigerten sich jedoch aus Gewissensgründen, die Arbeiten auszuführen. Sie wurden daraufhin von ihrem Arbeitgeber wegen Arbeitsverweigerung gekündigt. Das Bundesarbeitsgericht stellte dazu fest, daß keine rechtswidrigen Arbeitsverweigerungen vorlagen und demzufolge die ausgesprochenen Kündigungen unwirksam waren. Auch im Arbeitsverhältnis gilt das Grundrecht auf Gewissensfreiheit (Artikel 4 des Grundgesetzes), so die Richter.

Das Urteil des Bundesarbeitsgerichts (AZ: 2 AZR 255/88) ist nachzulesen in: Neue Zeitschrift für Arbeits- und Sozialrecht (NZA), Heft 4/1990, S. 144 ff.

Was kann ich tun?

Die zentrale Frage lautet: Wie kommen wir aus der Abhängigkeit von Rüstungsproduktion heraus, ohne unsere Arbeitsplätze zu verlieren? Dies ist mit KollegInnen zu diskutieren und dabei zu bedenken, welches mögliche andere Produkte sein können. Wie kann dies konkret umgesetzt werden? Phantasie ist allemal gefragt. Es ist also notwendig, die betriebliche Sphäre zu erforschen.

Dabei geht es u. a. um folgende konkrete Punkte:

- Auf welchem technischen Stand sind die Maschinen?
- Wie stellen sich die Produktionsabläufe dar?
- Welche Produkte können künftig, also solche, die gesellschaftlich nützlich und sinnvoll sind, hergestellt werden?
- Wie kann der Bedarf nach Zukunftsbereichen systematisch abgeklopft werden (Umweltschutz, Energieversorgung, Wasserwirtschaft, Rohstoffwirtschaft, neue Verkehrssysteme etc.)?
- Wie stellen sich die Marktchancen dar?
- Gibt es eine Nachfrage, kann sie gegebenenfalls durch den Staat, die Kommune geschaffen werden?
- Werden Mitbestimmungsrechte, so unzureichend sie auch sein mögen, genutzt?
- Welche Hilfestellungen kann die IG Metall geben?
- Wie können wir Zivilcourage stärken, damit es zu einer Auseinandersetzung im Betrieb kommt?

Diese Aufarbeitung kann natürlich nicht allein geleistet werden. Vielmehr ist das Zusammenwirken von Betriebsrat, Vertrauensleuten, die Einbeziehung von Angestellten, Ingenieuren und Technikberatungsstellen erforderlich. Hilfreich wäre sicherlich, einmal einen Kollegen/eine Kollegin aus einem Arbeitskreis »Alternative Produktion« zur Diskussion einzuladen.

Insbesondere junge Menschen engagieren sich im Rahmen ihrer Ausbildung, um Veränderungen voranzutreiben und ein Handeln für gesellschaftlich nützliche Produkte zu organisieren. Es entstehen immer mehr Projekte, in deren Rahmen die umweltschonende und -verträgliche Produktion im Vordergrund steht. So beispielsweise der Bau einer Brauchwasseranlage in der Lehrwerkstatt des Qualifizierungszentrums Rheinhausen. Warum sollte es nicht möglich sein, sich auch in anderen Ausbildungswerkstätten mit der Brauchwassernutzung, der Energiegewinnung durch Windkraft, der Solarenergie, der Luftreinhaltung, der Lärmbeseitigung oder der Abwasserreinhaltung auseinanderzusetzen?

Die Beispiele von Konversionsbemühungen sind sehr weitreichend. So wurde speziell für DiabetikerInnen eine »Ulmer Zuckeruhr« entwickelt. Das ist ein am Gürtel zu tragendes Minilabor, das die Glukosewerte über einen in die Haut implantierten Sensor aufnimmt, auswertet und über einen winzigen Sender auf eine Spezialuhr am Handgelenk überträgt. Die Technologie dafür wurde von DASA im Geschäftsbereich Radar und Funk geliefert. Weitere Planungen, die von DASA-TechnikerInnen entwickelt wurden, sind u. a. ein auf Funkbasis arbeitendes, computergestütztes Müllentsorgungssystem, mit dem das Abfallgewicht und damit die Gebühren individuell errechnet werden können. Oder Kollisionswarnsysteme für das Auto der Zukunft.

Zukunftssichernde Maßnahme

AK Alternative Produktion
Auf der Betriebsversammlung am 6. 7. 1994 hat Herr Grün, auf Nachfrage des Betriebsrats, erneut bestätigt, daß es notwendig ist, das bestehende Produktspektrum zu erweitern. Alle Mitarbeiter wurden von ihm aufgefordert, Vorschläge schriftlich bis Ende August abzugeben.

Dieser Aufforderung kommen wir gern nach!

Der Betriebsrat ist allerdings der Meinung, daß das nicht alles sein kann. Um die Abhängigkeit vom Militärgeschäft in der ESW aufzubrechen, damit sich betriebsbedingte Kündigungen nicht wiederholen, müssen neue Ideen und Produkte erarbeitet werden, da sie dem Betrieb nicht zufliegen. Damit dieses Bemühen kontinuierlich erfolgt und nicht Ende August versandet, hat der Betriebsrat den Arbeitskreis »Alternative Produktion« gegründet.

Dieser Arbeitskreis will den Umstrukturierungsprozeß in allen betrieblichen Ebenen verankern, vertiefen und ankurbeln.

Der Arbeitskreis hat sich erste konkrete Ziele gesetzt und will diese umgehend mit der Geschäftsleitung vereinbaren:
- Bildung eines Teams zur methodischen Untersuchung der Konversionsmöglichkeiten der ESW, basierend auf der betrieblichen Umfrage des Betriebsrates im Nov. 93,
- Verfolgung und Auswertung der bei Herrn Grün eingehenden neuen Ideen,
- Erweiterung der »Ideenbörse« durch ständige Mitarbeitertreffen zum Erarbeiten von Alternativen und
- Festlegung eines Ablaufes zur Bewertung/Umsetzung alternativer Produktideen.

Hierbei sieht sich der Arbeitskreis als Moderator und wird die Arbeit auch nach außen vertreten, um Unterstützung bei den Politikern einzufordern, mit dem Ziel, den Standort Wedel zu stabilisieren.

Deutsche Aerospace, Betriebsrat (Wedel), Info 43/94 vom 4. 8. 1994

Eine erstaunliche Leistungsbilanz legen die Brüder Gert H. und Hartmut H. Buck vor. Nachdem sie fast vier Jahrzehnte als Spezialisten für »Tarnen und Täuschen« mit ihren Nebelgranaten und Infrarotscheinwerfern vom lukrativen Bundeswehrgeschäft profitierten, mußte – wegen Umsatzeinbußen – reagiert werden. Innerhalb kürzester Frist hatten rund 100 ForscherInnen und TechnikerInnen zur Nutzung des militärischen Know-hows für den neuen Unternehmensschwerpunkt »Umwelttechnik« innovative Ideen entwickelt. Wer Rundhülsen für Granaten herstellt, kann eben auch Dosen für Hipp-Kindertee oder Bad Reichenhaller Jodsalz fertigen. Mittlerweile wird ein Viertel des Umsatzes mit recyclingtauglichen Kartondosen, mit der Entsorgung industrieller Reststoffe, mit Entlackungsverfahren für Metalloberflächen und biologischen Boden- und Gewässersanierungsprojekten erwirtschaftet.

Auch die Hamburger Blohm & Voss AG, noch in den achtziger Jahren hochgradig vom Fregatten- und U-Bootbau abhängig, fertigt mittlerweile Komponenten für Gas- und Dampfturbinenkraftwerke sowie Schweißanlagen für Ölplattformen oder Pipelines.

Bei Honeywell Sondertechnik in Maintal und Kiel ist man so vorgegangen: Im Rahmen eines Wettbewerbs wurde die Belegschaft zu Vorschlägen für zivile Produktion aufgefordert. Die über 50 eingegangenen Ideen wurden von einem Ingenieur – eigens für den Bereich Konversion eingestellt – geprüft. Das Spektrum reichte von Wasserreinigungsanlagen bis zum Elektroantrieb für Gabelstapler.

Das Strategiekonzept des Betriebsrates

Ziele

Eine neue zivile, ökologisch verantwortbare Produktlinie entwickeln.
Die Produktivität des Unternehmens steigern durch

> Erhöhung der Effektivität und der Effizienz, ohne den Leistungsdruck unverantwortbar zu erhöhen.
> Die Arbeitsplätze erhalten.
> »Eine neue Art Arbeit in der Region schaffen«.
>
> *Wege*
>
> Eine neue Rolle des Betriebsrates definieren, akzeptieren und propagieren.
> Die Beschäftigten motivieren und beteiligen.
> Den Produktinnovationsprozeß forcieren und mitgestalten.
> Den Reorganisationsprozeß initiieren, mitgestalten und intern absichern.
> Das Gesamtprojekt in einen strukturpolitischen Rahmen stellen und extern absichern.
>
> *Quelle: Betriebsrat epro Elektronik & Systemtechnik GmbH*

Metaller bei der Firma Orenstein & Koppel in Lübeck entwickelten spezielle Bagger zur Entsorgung verseuchten Hafenschlicks. Ein von der MAK entwickelter umweltfreundlicher Regionalbahntriebwagen wird mittlerweile gebaut – zwar nicht von MAK, aber von einer anderen Firma in Süddeutschland.

Und auch das Energieversorgungssystem auf Helgoland, ein Beispiel für ein kommunales, auf wiederverwendbaren Energiequellen beruhendes System, geht auf Vorschläge eines alternativen Arbeitskreises zurück. Vor allem die Arbeitskreise in der Küstenregion waren besonders innovativ. Schließlich ging es darum, neben der notwendigen Rüstungskonversion auch Antworten auf die Strukturschwäche im Werftenbereich zu finden. Mittlerweile wurde ein Programm entwickelt, in dem die einzelnen Produkte zu einem Gesamtkonzept verbunden wurden. Die Arbeitskreise nennen das Projekt »Schiff der Zukunft aus Arbeitnehmersicht«. Am Beispiel eines Schiffs, das unter rein ökologischen Gesichtspunkten konstruiert werden soll, können Umweltprobleme aufgezeigt und Lösungsansätze verdeutlicht werden: Wasserverschmutzung, Luftverunreinigung, Energieversorgung, Verkehrsproblematik etc. Das Schiff soll demonstrieren, wie Lösungsansätze aussehen können.

IG Metall begrüßt Urteil zur Arbeitsverweigerung aus Gewissensgründen

Ermutigend und wegweisend für mehr Selbstbestimmung am Arbeitsplatz ist nach Ansicht der IG Metall ein Urteil des Kölner Arbeitsgerichts, nach dem Arbeitnehmer bestimmte Tätigkeiten aus Gewissensgründen ablehnen dürfen. Das Gericht hatte der Klage einer Arbeitnehmerin gegen die Abmahnung ihres Arbeitgebers stattgegeben. Die Beschäftigte wurde abgemahnt, nachdem sie sich geweigert hatte, Aufträge für den Irak zu bearbeiten. Sie hielt es auch wegen ihrer jüdischen Abstammung für unzumutbar, für militärische Nutzung geeignete Lieferungen abzuwickeln. Das Urteil (AZ: 16 CA 650/89) könne die Engagementbereitschaft der Arbeitnehmer gegen Wettrüsten und Rüstungsexporte stärken, so IG Metall-Vorstandsmitglied Horst Schmitthenner.

Quelle: Metall-Pressedienst vom 11. Februar 1991

Es gibt also eine Fülle von Möglichkeiten und Ansätzen, wie wir das Bewußtsein und Verhalten für ein sinnvolles Leben und Arbeiten fördern können. Diese neue Art der Einflußnahme darauf, was und wie produziert wird, kann sicher nicht beschränkt werden auf den »Sonderfall Rüstung«. Sie ist in allen Bereichen nötig, um die Lebens- und Überlebensinteressen der Menschheit zu sichern.

Ein historisches Dokument:
Resolution der Rüstungsarbeiter von 1919

In Erwägung, daß die Befreiung der Arbeiterklasse das Werk der Arbeiter selbst sein muß, in Erwägung, daß der systematische Völkermord und die gewaltsame Unterdrückung der besitzlosen Völkerklassen nur durch die Mithilfe der Arbeiter möglich wird, beschließt die Reichskonferenz der Rüstungsarbeiter, allen in der Waffenindustrie beschäftigten Arbeitern vorzuschlagen, jede fernere Erzeugung von Kriegsmaterial prinzipiell abzulehnen und eine Umstellung der Betriebe für Friedensarbeit zu erwirken. Gleichzeitig entbietet der Kongreß dem Proletariat aller Länder seine brüderlichen Grüße und gibt der Hoffnung Ausdruck, daß die von ihm gefaßten Beschlüsse zur Verwirklichung des internationalen revolutionären Sozialismus beitragen mögen.

Quelle: »Tribüne« vom 20. März 1919 (über die Reichskonferenz der Rüstungsarbeiter 1919)

KDV: Kriegsdienst verweigern!

Es gibt viele Gründe, den Kriegsdienst zu verweigern. Einige davon werden in den ersten Kapiteln dieses Buches angesprochen. Aber viele werden sich fragen: »Reichen meine Gedanken aus, um als Kriegsdienstverweigerer anerkannt zu werden?«

Früher wurde oft zwischen verschiedenen Gruppen von Kriegsdienstverweigerern unterschieden, mit ethischen, religiösen oder politischen Begründungen. Solche Unterscheidungen zu machen, ist heute nicht mehr notwendig. Heute wird jede Begründung eines KDV-Antrages von den Behörden anerkannt, wenn sie neben anderen Überlegungen auch eine prinzipielle Ablehnung der Kriegsteilnahme und der Ausbildung dazu enthält. Dieser Sachverhalt drückt sich zum Beispiel darin aus, daß heute über 90 % der Verweigerer in einem schriftlichen Verfahren ohne mündliche Anhörung anerkannt werden. Dies sollte jedem möglich machen, seinen KDV-Antrag zu stellen. Denn wer sich informiert und seine Begründung in einer KDV-Beratung mit Fachleuten bespricht, hat sehr gute Chancen, schnell und einfach anerkannt zu werden.

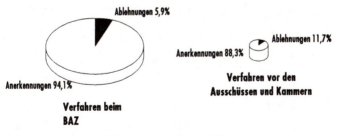

Anerkennungsquote für Kriegsdienstverweigerer 1993

Der Antrag

Wenn du als Kriegsdienstverweigerer anerkannt werden willst, mußt du einen schriftlichen Antrag stellen. Diesen richtest du an dein Kreiswehrersatzamt. Dabei sollte die Personenkennziffer oder das Geburtsdatum nicht vergessen werden. Um einen Beleg zu haben, schickst du den Antrag per »Einschreiben mit Rückschein« ab. Du beantragst deine »Anerkennung als Kriegsdienstverweigerer«. Dabei mußt du dich berufen »auf das Grundrecht der Kriegsdienstverweigerung nach Artikel 4 Absatz 3 des Grundgesetzes«. Der Antrag könnte folgendermaßen formuliert sein:

Karl Müller
Buchfinkenweg 6　　　　　　　　99999 Glückstadt, den . . .

Per Einschreiben mit Rückschein

An das
Kreiswehrersatzamt
Friedhofsweg 10
99999 Glückstadt

Betr.: Antrag auf Anerkennung als Kriegsdienstverweigerer
PK-Nr. 250878-M-31 21

Sehr geehrte Damen und Herren,
hiermit verweigere ich den Kriegsdienst unter Berufung auf das Grundrecht gemäß Art. 4 Abs. 3 Satz 1 des Grundgesetzes. Ich kann mich aus Gewissensgründen an keinerlei Waffenanwendung zwischen Staaten beteiligen.

> Meinem Antrag füge ich bei/werde später nachreichen:
>
> - Begründung der Kriegsdienstverweigerung,
> - Lebenslauf
> - polizeiliches Führungszeugnis.
>
> Hochachtungsvoll
>
> Karl Müller

Schon mit diesen wenigen Sätzen hast du einen Antrag auf Kriegsdienstverweigerung gestellt. Die erwähnten Anlagen sind zunächst nicht entscheidend. Sie können auch später nachgereicht werden, vor allem dann, wenn eine schnelle Antragstellung nötig ist und ihre Beschaffung Zeit beanspruchen und daher zunächst nur aufhalten würde.

Der Zeitpunkt

Verweigern kannst du jederzeit. Das KDV-Gesetz sieht als einzige Einschränkung vor, daß der Antrag frühestens sechs Monate vor dem 18. Geburtstag gestellt werden darf. Während es früher sinnvoll war, den Antrag so früh wie möglich zu stellen, sollte man heute auf jeden Fall das Ergebnis der Musterung abwarten. Denn: In der Einberufung von Wehrdienst- und Zivildienstleistenden derselben Tauglichkeitsstufe gibt es gravierende Unterschiede zu Ungunsten der Kriegsdienstverweigerer.

Wer mit dem Ergebnis »tauglich 3« (verwendungsfähig mit Einschränkungen für bestimmte Tätigkeiten) oder »tauglich 7« (verwendungsfähig mit Einschränkungen für bestimmte Tätigkeiten unter Ausschluß der Grundausbildung) gemustert wurde, sollte überlegen, ob er seinen KDV-Antrag erst abschickt, wenn er eine Einberufung erhalten hat. Auch wer das Ergebnis »tauglich 4« (vorübergehend nicht verwendungsfähig) hat, sollte zunächst warten, bis er erneut gemustert und für tauglich befunden wurde, bevor er den Antrag stellt.

Die Gründe dafür: Während die Bundeswehr vorwiegend Rekruten der Tauglichkeitsstufen 1 und 2 einberuft und viele der schlechter gemusterten ganz ohne Dienst davonkommen, werden KDVer in jedem Fall zum Zivildienst einberufen. Außerdem messen die Musterungsausschüsse oft mit zweierlei Maß. Gründe, die zur Untauglichkeit für den Wehrdienst führen, müssen nicht unbedingt zur Ausmusterung auch für den Zivildienst geeignet sein, weil die Bedingungen beim Bund doch sehr verschieden sind von denen im Zivildienst.

Diese Ungerechtigkeit ist ein weiterer Versuch, das Grundrecht auf Kriegsdienstverweigerung auszuhöhlen, indem KDVer ganz offensichtlich schlechter gestellt werden als Jugendliche, die zum Kriegsdienst bereit sind. Deshalb ist es gerechtfertigt, daß du dich als Kriegsdienstverweigerer gegen diese Ungleichbehandlung zur Wehr setzt.

Bist du allerdings für die Bundeswehr untauglich gemustert worden, dann gilt dieses Ergebnis auf jeden Fall auch für den Zivildienst.

Kriegsdienstverweigerer, die in die Tauglichkeitsstufen 1 oder 2 eingestuft wurden, können ihren Antrag direkt nach der Musterung stellen, ohne Nachteile befürchten zu müssen, da ihre Einberufung zum Bund ziemlich sicher ist.

Inwieweit sich die Einberufungspraxis nach der Verkürzung des Wehrdienstes auf 10 Monate verändern wird, ist noch nicht absehbar. Dennoch ist davon auszugehen, daß auf jeden Fall Wehrpflichtige der Tauglichkeitsstufe 7 nicht zu 100 % einberufen werden können.

Dann aber schnell ...!

Liegt die Einberufung oder die Vorbenachrichtigung der Heranziehung im Briefkasten, ist allerhöchste Eile geboten. Wenn du nämlich schon einberufen oder vorbenachrichtigt bist, hat dein KDV-Antrag nur noch dann aufschiebende Wirkung, wenn er innerhalb von 3 Tagen nach der Zustellung des Schreibens beim Kreiswehrersatzamt eintrifft. Wer diese letzte Frist nicht einhält, riskiert, daß er zunächst zum Bund muß und dort darauf warten kann, bis sein Antrag entschieden ist.

Deshalb ist es notwendig, sich auf jeden Fall so früh wie möglich zu informieren und mit der eigenen Kriegsdienstverweigerung auseinanderzusetzen, um im entscheidenden Augenblick zu wissen, was zu tun ist.

Es schadet auch nichts, wenn du schon frühzeitig damit anfängst, eine Begründung zu schreiben. Wenn du nicht zur Bundeswehr einberufen wirst, kannst du auch nach Überschreiten der Altersgrenze von 25 bzw. 28 Jahren deinen KDV-Antrag stellen, um damit zu dokumentieren, daß du für keinen Krieg zur Verfügung stehst.

Das schriftliche Anerkennungsverfahren

Über den Antrag von ungedienten und nicht einberufenen Wehrpflichtigen wird im schriftlichen Verfahren durch das Bundesamt für den Zivildienst entschieden. Das Kreiswehrersatzamt gibt den Antrag zuständigkeitshalber nach der Musterung an das Bundesamt weiter. Auf die Ausnahmen, für die das mündliche Verfahren gilt, wird unten hingewiesen. Du solltest die Begründung, den Lebenslauf und das Führungszeugnis möglichst schnell verfassen bzw. beschaffen und einreichen. Dadurch wird das Verfahren beschleunigt. Wichtiger noch ist: Das Fehlen dieser Unterlagen kann am Ende zur Ablehnung führen. Das Bundesamt für den Zivildienst erinnert aber zunächst den Antragsteller daran, daß er die hier genannten Unterlagen beibringt.

Wenn du dir danach noch Zeit läßt, riskierst du, daß das Bundesamt eine verbindliche Aufforderung zur Vervollständigung des Antrags ergehen läßt. Es wird nun eine Frist von vier Wochen gesetzt. Wenn du diese Frist verstreichen läßt und deinen Antrag nicht vervollständigst, wirst du abgelehnt! Am besten läßt du es gar nicht so weit kommen. Falls jedoch diese Aufforderung unter Fristsetzung ergeht, mußt du sofort handeln. Bedenke, daß allein die Beschaffung des Führungszeugnisses etwa 14 Tage, manchmal aber auch länger dauert.

KDV-Verfahren für noch nicht einberufene Wehrpflichtige

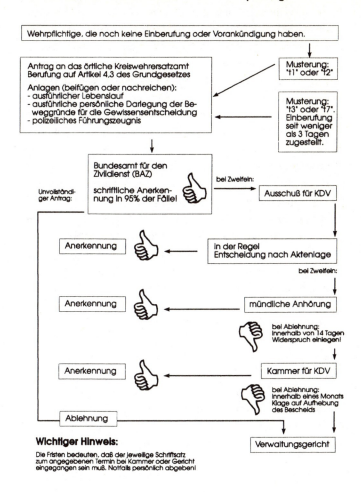

Wichtiger Hinweis:

Die Fristen bedeuten, daß der jeweilige Schriftsatz zum angegebenen Termin bei Kammer oder Gericht eingegangen sein muß. Notfalls persönlich abgeben!

Die Frist beginnt dann, wenn die Aufforderung dir zugestellt wurde: Die Zustellung kann auch durch Niederlegung bei der Post geschehen! Und es kommt für den Fristablauf auf den Zugang der Unterlagen beim Bundesamt an, also nicht auf das Datum des Poststempels! Es kann jedoch sein, daß dem Bundesamt die überreichten Unterlagen nicht ausreichen. Die Begründung ist oft nicht ausführlich und nicht persönlich genug. Oder das Bundesamt bezweifelt einzelne Ausführungen. In diesen Fällen schreibt es dich an und fordert Ergänzungen oder Vervollständigungen an. Auch hier mußt du gesetzte Fristen genau einhalten, da es sonst zur Ablehnung kommt. Wenn du einen Antrag auf Kriegsdienstverweigerung gestellt hast, ist es wichtig, dafür Sorge zu tragen, daß dich Post stets und ständig erreichen kann. Falls dies zeitweilig, etwa im Urlaub, nicht möglich ist, solltest du das Bundesamt rechtzeitig darauf aufmerksam machen. So kannst du Fristfehler vermeiden.

Entscheidung über den schriftlichen Antrag

In über 90 % der Fälle wird das Bundesamt für den Zivildienst dich als Kriegsdienstverweigerer anerkennen. Hierüber erhältst du einen schriftlichen Anerkennungsbescheid. Heute werden nicht einmal mehr 10 % der KDVer abgelehnt.

Das geschieht dann, wenn du die Unterlagen nicht fristgemäß einreichst (ca. 5 % der Fälle!), oder wenn du nur bestimmte Arten von Krieg ablehnst. Solltest du durch das Bundesamt abgelehnt werden, so mußt du in einer Frist von vier Wochen nach Zustellung des Ablehnungsbescheides Klage vor dem zuständigen Verwaltungsgericht erheben. Dabei sollte ein fachkundiger Rechtsanwalt eingeschaltet werden. Falls dem Bundesamt nach wie vor Zweifel bleiben, wird der Antrag an den zuständigen Ausschuß für KDVer abgegeben. Dieser wird dich dann zu einer mündlichen Anhörung einladen. Diese Fälle sind aber äußerst selten. Mehr darüber findest du in den beiden folgenden Absätzen.

Verfahren für Soldaten und Reservisten

Wenn du den Antrag erst nach der Einberufung, also als Soldat oder als Reservist stellst, so entscheidet über deinen Antrag der Ausschuß für Kriegsdienstverweigerer. War in der Vergangenheit die Regel, daß der Prüfungsausschuß den Antragsteller zu einer Anhörung, d. h. zu einer mündlichen Verhandlung vor dem Ausschuß vorlud, so ist jetzt eine wichtige Änderung eingetreten: Mit Runderlaß des Bundeswehrverwaltungsamtes vom 5. 10. 1990 sind die Ausschüsse darauf hingewiesen worden, daß zukünftig in der Regel nach Lage der Akten, also im schriftlichen Verfahren wie bei ungedienten Kriegsdienstverweigerern, entschieden werden soll. Nur ausnahmsweise soll eine persönliche Anhörung durchgeführt werden. (Der Erlaß ist im Anhang auszugsweise dokumentiert.) Diese Regelung bedeutet zum einen, daß das Verfahren für Soldaten und Reservisten nunmehr ebenfalls erleichtert ist. Gleichzeitig muß aber betont werden, daß verweigernde Soldaten und Reservisten ihren Antrag und ihre Begründung besonders sorgfältig vorbereiten und formulieren müssen, damit dem Ausschuß keine Vorwände für Zweifel geliefert werden. In diesem Zusammenhang ist zudem darauf hinzuweisen, daß der Runderlaß die Ausschüsse nicht bindet. Der Ausschuß kann, da er richterliche Unabhängigkeit genießt, jederzeit selbst entscheiden, ob er schon von der schriftlichen Begründung überzeugt worden ist oder ob er eine mündliche Anhörung für notwendig hält.

Ausnahme: Das mündliche Verfahren

Nach dieser Rechtslage soll also das mündliche Verfahren auch für Soldaten und Reservisten die Ausnahme sein. Gleichwohl kann es in Einzelfällen, insbesondere dann, wenn formale Fehler gemacht werden oder die Begründung nicht ausführlich genug oder widersprüchlich ist, zu einer mündlichen Verhandlung kommen. Dies gilt auch für diejenigen, die zum wiederholten Male einen Antrag stellen, nachdem sie vorher rechtskräftig abgelehnt worden sind (Zweitantragsteller), ihren Antrag nicht weiterverfolgten oder zurücknahmen und für Leute, die sich für die Laufbahn als Zeit- oder Berufssoldat interessiert hatten. Hier sind die Besonderheiten unbedingt mit BeraterInnen der DFG-VK, mit Beiständen oder fachkundigen AnwältInnen zu besprechen.

Wer in seiner Begründung gut nachvollziehbar darstellt, warum sich seine Einstellung gegenüber dem Militär grundlegend geändert hat, und wer sich auf die Anhörung gründlich vorbereitet, hat auch hier in der Regel Chancen, anerkannt zu werden.

KDV-Verfahren für Soldaten und Reservisten

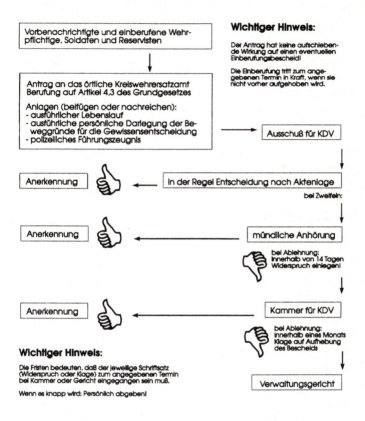

Wichtiger Hinweis:

Der Antrag hat keine aufschiebende Wirkung auf einen eventuellen Einberufungsbescheid!

Die Einberufung tritt zum angegebenen Termin in Kraft, wenn sie nicht vorher aufgehoben wird.

Wichtiger Hinweis:

Die Fristen bedeuten, daß der jeweilige Schriftsatz (Widerspruch oder Klage) zum angegebenen Termin bei Kammer oder Gericht eingegangen sein muß.

Wenn es knapp wird: Persönlich abgeben!

Die Unterlagen

Das Polizeiliche Führungszeugnis

Ein polizeiliches Führungszeugnis bekommst du bei dem zuständigen Einwohnermeldeamt. Gebraucht wird ein »Führungszeugnis für private Zwecke«, das man sich selbst aushändigen läßt. Zum KDV-Antrag muß man ein Führungszeugnis einreichen, das nicht älter als drei Monate ist.

Der Lebenslauf

Das Kriegsdienstverweigerungsgesetz (KDVG) verlangt, daß dem Antrag ein »ausführlicher Lebenslauf« beigefügt wird. Dieser Lebenslauf sollte die wesentlichen persönlichen Daten, d. h. Angaben zum Geburtsdatum, Geburtsort, zu den Eltern und Geschwistern, zum schulischen und beruflichen Werdegang enthalten und keine größeren Lücken haben. Du solltest den Lebenslauf so aufbauen, daß er die schriftliche Begründung der KDV sinnvoll ergänzt. Denn die Begründung sollte auch eine Erklärung zur Entstehungsgeschichte der KDV-Entscheidung enthalten. Hier gibt es Überschneidungen.

Zum Beispiel: Willst du später in der Begründung ausführen, daß wichtige Denkanstöße etwa durch die Mitarbeit in einer kirchlichen Jugendgruppe, einer schulischen Arbeitsgemeinschaft, einer Theatergruppe, durch soziales oder politisches Engagement erfolgten, so kannst du das bereits im Lebenslauf einarbeiten. Du kannst beispielsweise im Lebenslauf schreiben: »Etwa in der Zeit zwischen meinem 14. und 17. Lebensjahr habe ich mich in dem Jugendzentrum XY engagiert. Wir waren eine Gruppe von 10 Jugendlichen und haben dort über die verschiedensten Fragen gesprochen. So auch über die Themen Gewalt, Krieg, Hunger in der ›Dritten Welt‹ usw. Wir haben uns aber auch praktisch engagiert, indem wir Kindern aus dem benachbarten Obdachlosenasyl Schularbeitenhilfe anboten.« Damit sei nicht gesagt, daß du besonderes soziales Engagement nachweisen mußt. Falls aber in deiner Entwicklungsgeschichte bestimmte, wesentliche prägende Phasen dieser oder anderer Art vorhanden sind, sollten sie auch erwähnt werden.

Die Begründung

Das KDV-Gesetz verlangt, daß neben dem Lebenslauf eine »persönliche, ausführliche Darlegung der Beweggründe für die Gewissensentscheidung« angefertigt werden muß. Diese Begründung muß gut vorbereitet und durchdacht sein. Die Begründung abzufassen, ist sicher das Schwierigste an der Verweigerung. Es ist unbedingt ratsam und hilfreich, über die Begründung mit Freunden und Freundin zu diskutieren und sie in einer KDV-Beratung zu besprechen. Es empfiehlt sich, die Begründung in zwei Abschnitte zu unterteilen. Zunächst sollte die persönliche Entwicklungsgeschichte bis zur Entscheidung gegen den Kriegsdienst geschildert werden, dann inhaltlich die Beweggründe.

Persönliche Entwicklungsgeschichte

Hier kannst du darstellen, welche Faktoren, Denkanstöße und Umweltbedingungen zur Kriegsdienstverweigerung geführt oder beigetragen haben. Am besten fragst du dich selbst zurückblickend nach den Gründen und Ursachen. Gerade dabei kommen die sogenannten »persönlichen Beweggründe«, die geschildert werden sollen, zur Geltung.

Ausschlaggebend sind nicht nur die Erfahrungen, die direkt das Thema Kriegsdienstverweigerung betreffen. Maßgebend sind auch Erziehungseinflüsse, Kontakte zu bestimmten Gruppen oder Personen, die dich geprägt haben.

Dennoch mußt du streng im Auge behalten, daß es hier um Schilderungen geht, die den Hintergrund deiner Gewissensentscheidung gegen den Kriegsdienst ausmachen. Ein Beispiel: »Ich bin in einem Elternhaus zusammen mit vier Geschwistern aufgewachsen. Wir wurden christlich erzogen. Die christliche Erziehung war für meine Kriegsdienstverweigerung von besonderer Bedeutung.« Das allein genügt nicht! Eine solche Erklärung ist weder ausführlich noch ist die Verknüpfung von christlicher Erziehung und Kriegsdienstverweigerung selbstverständlich oder gar zwangsläufig. Wenn du eine christliche oder gar eine pazifistische Erziehung für maßgeblich hältst, dann mußt du auch ganz konkret die Besonderheiten, Gedanken und Inhalte dieser Erziehung schildern und dann zusätzlich auf deine eigenen Erfahrungen und Schlußfolgerungen eingehen. Häufig wird der eine oder andere Gespräche mit bestimmten Personen (z. B. LehrerInnen, GewerkschaftskollegInnen, Familienangehörigen usw.) erwähnen. Wenn du der Meinung bist, daß bestimmte Kontakte und Gespräche wesentlich für deine Kriegsdienstverweigerung waren, dann solltest du auch kurz darstellen, um welche Themen sich diese Gespräche drehten und welche Eindrücke sie bei dir persönlich hinterlassen haben. Hinzukommen sollte auch eine Schilderung, welche Meinung du dir selber daraus gebildet hast. Denn es geht ja um deine Einstellung zur Kriegsdienstverweigerung, und nicht um die der anderen Personen! Das gleiche gilt, wenn du auf Literatur, Filme, Veranstaltungen oder Demonstrationen hinweist, die dir Denkanstöße gegeben haben. Du solltest nicht nur den Titel nennen, besser ist es, die für dich wesentlichen Kernaussagen und deine eigenen Schlußfolgerungen kurz zusammenzufassen.

In den seltensten Fällen wird es so sein, daß ein Kriegsdienstverweigerer ein bestimmtes »Schlüsselerlebnis« hatte und plötzlich wußte: »Ich muß den Kriegsdienst verweigern!« Das ist auch nicht erforderlich. Selbstverständlich soll derjenige, der entsprechende Erlebnisse hatte – zum Beispiel der Besuch eines ehemaligen KZ und die dort ausgelösten Gefühle und Gedanken über Verbrechen, Gewalt und Krieg –, darüber ausführlich schreiben. Hüte dich jedoch vor Belanglosigkeiten und bausche nicht künstlich irgendwelche kleinen Erlebnisse auf. So ist beispielsweise die schon mehr als zehn Jahre zurückliegende Schlägerei auf dem Schulhof eher bedeutungslos. Meistens gibt es verschiedene Phasen in der Entwicklungsgeschichte einer KDV-Entscheidung. Die Entwicklung wird zum Schluß immer konkreter, bis schließlich der Entschluß feststeht. Du solltest diese Phasen darstellen und auch altersmäßig einordnen. Die Entwicklung zur Kriegsdienstverweigerung muß keineswegs widerspruchslos und praktisch schon in der Wiege angelegt sein. Es kann durchaus sein, daß die eigentlichen Denkanstöße recht spät kamen und du vorher sogar dem Militär unkritisch oder auch positiv gegenüberstandest. Es kann auch sein, daß du dich schon mal bei der Bundeswehr über den Wehrdienst hast beraten lassen. Wichtig ist dann, das »Umdenken« überzeugend darzulegen. Von besonderer Bedeutung ist der Zeitpunkt der Antragstellung. Er muß nicht immer mit dem Zeitpunkt, an dem du den Entschluß zur Kriegsdienstverweigerung getroffen hast, zusammenfallen. Wenn du den Antrag beispielsweise erst im Alter von 22 Jahren oder später stellst, ist es möglicherweise nicht ratsam vorzutragen, du hättest den unumstößlichen Entschluß zur Kriegsdienstverweigerung schon mit 17 Jahren getroffen. Daraus könnte der

Schluß gezogen werden: »Wenn es dem Antragsteller wirklich so ernst und wichtig ist, hätte er den Antrag viel früher gestellt.« Oder umgekehrt: »Es bestehen Zweifel am Wahrheitsgehalt der Altersangabe, weil der Antrag erst Jahre später gestellt wurde.« Solche scheinbaren Unstimmigkeiten solltest du dann darstellen und begründen. Andernfalls kann dies zu Nachfragen oder zur Ablehnung des Antrags führen.

Selbstverständlich ist, daß du bestimmte negative Tatsachen, die den entscheidenden Behörden bekannt sind, nicht stillschweigend übergehst, sondern offensiv anpackst. Hast du dich beispielsweise im Alter von 18 Jahren bei der Bundeswehr für eine mehrjährige Dienstzeit interessiert oder gar freiwillig beworben, so ist es schädlich, diesen Umstand nicht zu erwähnen. Du mußt ihn dann in deine Entwicklungsgeschichte einordnen und erläutern. Mancher KDVer fragt sich, ob er eventuell auf Vorstrafen eingehen soll. (Verkehrsunfall = fahrlässige Körperverletzung; Hausbesetzung und gewaltfreier Widerstand = Hausfriedensbruch und Nötigung). Schließlich wird das polizeiliche Führungszeugnis überreicht. Ein Eingehen auf diese »Vorgeschichte« empfiehlt sich nur dann, wenn eine Vorstrafe auch in das Führungszeugnis eingetragen ist. Man muß keine »schlafenden Hunde« wecken. Es werden nach dem Bundeszentralregistergesetz (§ 30) nicht in das Führungszeugnis eingetragen: Zuchtmittel und Erziehungsmaßregeln nach dem Jugendstrafrecht, Jugendstrafe unter zwei Jahren auf Bewährung, Geldstrafen unter 90 Tagessätzen oder Freiheitsstrafen oder Strafarrest unter drei Monaten, falls keine weitere Strafe im Zeugnis eingetragen ist. Im übrigen gibt es Löschungsfristen im Registergesetz, nach denen die Strafen getilgt werden.

Inhaltliche Gründe

Im zweiten Teil der Begründung erläuterst du dann inhaltlich deine moralischen, ethischen, politischen und sonstigen Wertvorstellungen, die dich zur Kriegsdienstverweigerung zwingen. Hier mußt du dich von der persönlichen Entwicklung und dem Lebenslauf lösen und aktuell inhaltliche Motive und Wertgrundlagen darstellen. Sicherlich ist dies das schwierigste Kapitel. Zunächst ist es ratsam zu erklären, daß du eine Gewissensentscheidung gegen den Kriegsdienst getroffen hast. Das Gewissen ist die innere Instanz, geprägt durch die eigene Entwicklungsgeschichte, in der sich die persönlichen Wertvorstellungen und moralischen Maßstäbe verdichten. Das Gewissen unterscheidet für dich zwischen Gut und Böse. Das Gewissen gibt dir grundlegende Handlungsanweisungen vor. Mit anderen Worten: An das Gewissen muß man sich strikt halten.

Weiter wäre zu beachten, daß es hier um das Grundrecht auf Kriegsdienstverweigerung geht. Im Kern geht es dabei darum, daß du dich an bewaffneten, kriegerischen Auseinandersetzungen nicht beteiligen kannst. Und daß du in Gewissensnot geraten würdest, wenn du im Kriegsfall gezwungen würdest, menschliches Leben zu vernichten. Das ist der Hintergrund, warum du dich nicht zum Töten in der Bundeswehr ausbilden lassen kannst.

Vor diesem Hintergrund gilt es, die moralischen und sittlichen Maßstäbe darzustellen, die eine Beteiligung am Kriegsdienst für dich unmöglich machen. Da ist zunächst die Frage nach dem Wert des menschlichen Lebens. Zum Beispiel mit dem Satz: »Das menschliche Leben ist für mich das höchste Gut.« Versuche dann unbedingt, diese Kernaussage mit eigenen Worten ausführlicher darzustellen! Der Wert des menschlichen Lebens wird in ein Verhältnis zu anderen Werten – Freiheit, kulturelle Werte – gebracht.

Diejenigen, die eine militärische Verteidigung befürworten, setzen derartige Werte zwangsläufig über das Leben des einzelnen. Als Kriegsdienstverweigerer solltest du darstellen, daß du in deiner Wertordnung dem menschlichen Leben andere Werte unterordnest und aus welchen Gründen du das tust. Hilfsmittel, um diese recht theoretische Frage erörtern zu können, kann folgendes sein: Du kannst über Gespräche mit Menschen berichten, die aus Überzeugung militärische Verteidigung befürworten. Du deutest an, welche Argumente sie ins Feld geführt haben. Im Gegenzug stellst du deinen eigenen Standpunkt dar. Ein anderes Hilfsmittel kann sein, daß du deine Berufswahl oder ein soziales oder politisches Engagement zum Thema machst. Du kannst die Motive dafür niederschreiben. Es wird deutlich, welche Einstellung du zum Leben, zum menschlichen Leben, zum menschlichen Zusammenleben allgemein entwickelt hast. Hierzu steht dann möglicherweise der Kriegsdienst, das Handwerk des Soldaten, dessen Aufgabe es ist, im Krieg den Feind zu vernichten, im krassen Gegensatz. Ein weiteres Hilfsmittel könnte sein, daß du deine Gedanken über die Bedeutung und die Konsequenzen des Todes darstellst. Du kannst erörtern, daß du dir versuchst vorzustellen, was für persönliche Konsequenzen es haben würde, wenn du Kriegsdienst leisten und auch Menschen töten müßtest. Die Rechtsprechung sagt in diesem Zusammenhang, daß derjenige eine Gewissensentscheidung gegen den Kriegsdienst getroffen hat, der – zum Kriegsdienst gezwungen – »innerlich zerbrechen« oder »seelischen Schaden nehmen« würde. Ohne diese Begriffe direkt zu übernehmen, ist es ratsam, Ausführungen in dieser Richtung zu machen.

An dieser Stelle muß auf die Rechtsprechung hingewiesen werden, die bestimmte Formulierungen nicht als »geeignete Gründe« anerkennt, wenn sie ohne Erläuterungen im Sinne einer umfassenden, allgemeinen Kriegsdienstverweigerung stehen bleiben:

- Der Verweigerer gibt an, wie sinnvoll Zivildienst sei. Hier könnte der Vorwurf gemacht werden, du würdest fälschlich meinen, es gäbe ein Wahlrecht zwischen Wehr- und Zivildienst und du würdest nur deshalb verweigern.
- Du lehnst nur eine Beteiligung am Kriegsdienst in Mitteleuropa ab, würdest jedoch an militärischen Aktivitäten von Befreiungsbewegungen teilnehmen. Eine solche »situationsbedingte Kriegsdienstverweigerung« lehnt die Rechtsprechung ab.
- Mißverständlich sind Formulierungen, wie die, daß du dir bestimmte Situationen nicht »vorstellen kannst«. Etwa indem du sagst: »Ich kann es mir nicht vorstellen, wie es ist, wenn ich wirklich Kriegsdienst leisten müßte oder wenn ich einen Menschen getötet hätte«. Natürlich kann sich das in Wirklichkeit niemand vorstellen. Dennoch ist diese Formulierung deshalb gefährlich, weil dann unterstellt wird, du hättest dir keine Vorstellungen zum Thema KDV und Krieg gemacht und wüßtest letztlich nicht, worum es gehe.
- Problematisch ist es, Toleranz gegenüber anderen zu üben, die Waffengewalt zwischen den Staaten befürworten. So absurd es ist, aber die Rechtsprechung verlangt vom Kriegsdienstverweigerer, der für sich selbst Toleranz in Anspruch nimmt, daß er gegenüber Andersdenkenden intolerant ist. Der Kriegsdienstverweigerer muß auch das Verhalten anderer, die zur Anwendung von Waffengewalt bereit sind, beurteilen und verurteilen. Wer meint, sich Sympathien verschaffen zu können, indem er sogar die Notwendigkeit militärischer Verteidigung durch die Bundeswehr oder die NATO bejaht, nur für sich selbst könne er halt keinen Menschen töten, der irrt sich.
- Wenn du deinen Antrag allein damit begründest, daß du auf die Gefährlichkeit bestimmter Waffen abstellst, kann es Probleme geben. Eine Kriegsdienstverweigerung allein gegen Atomraketen

oder einen Atomkrieg würde nicht anerkannt werden. Wenn aus solchen Überlegungen dann aber eine allgemeine Ablehnung des Krieges und des Kriegsdienstes folgt, kann eine Gewissensentscheidung sehr wohl vorliegen.

Soweit einige Beispiele. Im übrigen sollten nicht Standardthemen aus der mündlichen Verhandlung in der schriftlichen Begründung behandelt werden. Erspare dir die Notwehr- und Nothilfesituationen. Themen wie »Tyrannenmord, Freundin im Park, Warschauer Ghetto« usw. solltest du aus der schriftlichen Begründung ausklammern. Es wäre schlimm, wenn die ganze Palette der Fragen, die letztlich die frühere Inquisition des Gewissens in den mündlichen Verhandlungen ausmachten, jetzt von den Kriegsdienstverweigerern selbst wieder in das schriftliche Verfahren eingeführt würden. Und die Erörterung dieser Fragen verbessert die Anerkennungschancen nicht. Sie können dich nur auf neues »Glatteis« führen. Man kann nicht starr vorhersagen, wie umfangreich die »ausführliche, persönliche« Begründung der Gewissensentscheidung sein muß. Jedenfalls sollte sie nicht viel weniger als zwei DIN-A4-Schreibmaschinenseiten umfassen. Auf der anderen Seite solltest du aber auch keinen hundertseitigen Roman produzieren. Wer viel schreibt, bietet auch mehr Angriffsflächen. Außerdem würden damit die Anforderungen für andere Kriegsdienstverweigerer, die nicht so schreibgewandt sind, unnötig in die Höhe geschraubt.

Lesetip

Als ergänzende Lektüre empfehlen wir das Buch »Aktiv gegen oliv – Leitfaden für KDVer« von Bernd Oberschachtsiek.

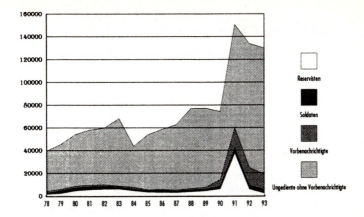

KDV-Antragsteller nach Gruppen

KDV: kein Thema für Frauen?

Nur die Hälfte aller Jugendlichen ist durch die allgemeine Wehrpflicht direkt betroffen, so scheint es. Was geht das Thema die andere Hälfte, die Frauen an?

Als Frau hast du den Vorteil, nicht der allgemeinen Wehrpflicht zu unterliegen. Mehr noch: das Grundgesetz nimmt dich ausdrücklich vom bewaffneten Dienst in den Streitkräften aus. Dennoch sollte dich das nicht zu der Schlußfolgerung verleiten, Militär, Rüstung und Kriegsdienstverweigerung seien Themen, die nur Männer etwas angehen. Du bist eingeplant, ebenso wie jeder männliche Kollege!

> Kann im Verteidigungsfalle der Bedarf an zivilen Dienstleistungen im zivilen Sanitäts- und Heilwesen sowie in der ortsfesten militärischen Lazarettorganisation nicht auf freiwilliger Grundlage gedeckt werden, so können Frauen vom vollendeten achtzehnten bis zum vollendeten fünfundfünfzigsten Lebensjahr durch Gesetz oder aufgrund eines Gesetzes zu derartigen Dienstleistungen herangezogen werden. Sie dürfen auf keinen Fall Dienst mit der Waffe leisten.
>
> *Grundgesetz, Artikel 12 a Absatz 4*

In Artikel 12 a des Grundgesetzes werden Frauen einer umfassenden Einplanung für Kriegszeiten unterworfen. Die im Grundgesetz geforderte Konkretisierung wird durch das Arbeitssicherstellungsgesetz geleistet, das die Verpflichtungsmöglichkeiten im Detail regelt.

Du wirst dann also z. B. für Pflege- und Versorgungsdienste gebraucht oder auf kriegswichtige Arbeitsplätze abkommandiert, um Männer zu ersetzen, die als Soldaten Kriegsdienst leisten. Ein Recht, diesen waffenlosen Kriegsdienst zu verweigern, wird dir nicht zugestanden. Wenn du dich im Kriegsfall weigerst, zum Beispiel in einer Rüstungsfabrik Munition zu produzieren, drohen dir langjährige Haftstrafen.

Um für den Ernstfall gerüstet zu sein und auf genügend ausgebildetes Personal zurückgreifen zu können, hat die Bundesregierung die sogenannten Schwesternhelferinnenkurse ins Leben gerufen. In diesen mehrwöchigen Kursen, die das Deutsche Rote Kreuz, der Malteser Hilfsdienst und die Johanniter Unfallhilfe anbieten und die das Verteidigungsministerium aus dem Verteidigungs- und dem Zivilverteidigungsetat finanziert, lernen Frauen die Grundlagen der Krankenpflege. Geworben wird dafür zum Beispiel damit, daß sie ein Einstieg ins Berufsleben seien, oder daß das Gelernte auch in der Familie nützlich sein kann ... Manche Ausbildungsstätten für soziale Berufe verlangen sogar den Besuch eines solchen Kurses als Zugangsvoraussetzung. Schwesternhelferinnenkurse sind allerdings keine berufliche Bildung.

Die militärische Funktion dieser Kurse wird in der Regel nicht thematisiert. Die wenigsten Teilnehmerinnen wissen, daß ihre Ausbildung zur Schwesternhelferin zu 30 % direkt aus dem Militäretat und zu 70 % aus dem Etat für Zivilverteidigung finanziert wird. Auch daß sie mit der Anmeldung zum Kurs eine Verpflichtung zum Einsatz in Kriegszeiten unterschreiben, ist vielen nicht bewußt.

Jaaawoll, Frau General!

Auch in der Bundeswehr gibt es längst Soldatinnen, wenn auch »nur« im Sanitäts- und Musikdienst, wo sie einen angeblich waffenlosen Dienst leisten. Das heißt, sie werden lediglich mit Handfeuerwaffen ausgestattet, wie es offiziell heißt: »zur Selbstverteidigung«. Abgesehen von diesem kleinen Unterschied leisten sie aber denselben Dienst wie männliche Soldaten, erhalten dieselbe Ausbildung, sind uniformiert und den Prinzipien von Befehl und Gehorsam unterworfen. Als Zeit- oder Berufssoldaten müssen sie ebenso damit rechnen, an künftigen »out-of-area«-Einsätzen der Bundeswehr beteiligt zu sein. Und – nicht zu vergessen – der erste in einem solchen Einsatz getötete Bundeswehrsoldat war ein Sanitäter!

Frauen sollen schießen

Vielen Politikerinnen und Politikern reicht der jetzige Status quo nicht mehr aus. Immer neue Pläne zur direkten Einbeziehung von Frauen in die Bundeswehr werden entwickelt – sei es auf freiwilliger Basis, sei es im Rahmen einer Dienstpflicht.

Die fortschrittlich klingende Begründung, damit solle ein Beitrag zur Gleichstellung von Frauen geleistet werden, klingt vor allem dann schal, wenn sie von denjenigen benutzt wird, die ansonsten jedem Versuch zur Erhöhung von Chancengleichheit in Beruf, Familie und Politik schärfsten Widerstand entgegensetzen. Zeitlos aktuell scheinen noch immer die Dokumente aus der Anfangszeit dieser Auseinandersetzung:

> »... Die allgemeine Dienstpflicht soll die Teilnahme der
> Frauen an politischen Entscheidungsprozessen scheinbar

ermöglichen; es wird verschwiegen, daß diese jedoch außerhalb der Bundeswehr in politisch-parlamentarischen Gremien gefällt werden. Die Eingliederung der Frauen in die Bundeswehr führt nicht zu mehr Gleichberechtigung, da die besonderen hierarchischen Strukturen der Bundeswehr Anpassung und Unterordnung voraussetzen.

Auch die Bestrebungen, Frauen auf freiwilliger Basis in den Bereich der Bundeswehr einzubeziehen, werden von uns abgelehnt, da die derzeitige Berufs- und Ausbildungsnot der Frauen ausgenutzt werden kann. Scheinbar freiwillig entscheiden sich dann Frauen für einen Beruf im Bereich der Bundeswehr, weil sie keine anderen Chancen am Ausbildungsstellen- und Arbeitsplatzmarkt haben.

Wir fordern statt dessen die Gewährleistung der sozialen Dienste und Aufgaben durch den Ausbau von Arbeitsplätzen im privaten und öffentlichen Bereich, damit eine zunehmende Konkurrenz zwischen Zivildienstleistenden und Arbeitnehmern verhindert wird.

Im Interesse der gesamten Bevölkerung ist die soziale Infrastruktur auszubauen und zu verbessern, um die gleichberechtigte Integration der Frauen ins Erwerbsleben zu sichern. Nur eine solche Politik ist human, frauen- und männerfreundlich und stellt einen konsequenten Beitrag zur Friedenssicherung und politischen Entspannung dar.«

10. Frauenkonferenz der IG Metall, 1979

Was tun?

- Auch wenn Frauen kein formelles Recht auf Verweigerung haben, ist es politisch sinnvoll, die eigene Verweigerung jeglichen Kriegsdienstes zu formulieren und den Behörden und PolitikerInnen zur Kenntnis zu geben. Zuständig für die Verplanung und den Einsatz von Frauen im Kriegsfall ist das örtliche Arbeitsamt, die politische Verantwortung dafür liegt beim Arbeitsministerium. Deine Verweigerung als symbolisches »Nein« zur Verplanung von Frauen ist besonders wirksam, wenn du dich mit anderen Frauen zusammentust und daraus eine gemeinsame Aktion machst. Rechtliche Folgen hat eine solche Verweigerungserklärung nicht.
- Wenn du Schwesternhelferin bist oder werden willst, frage doch einfach mal beim Träger des Kurses nach, wer die Kurse bezahlt. Weigere dich, eine Selbstverpflichtung für den Kriegsfall zu unterschreiben und diskutiere diese Verpflichtung mit den anderen KursteilnehmerInnen. Nähere Informationen sind bei der DFG-VK erhältlich.
- Beteilige dich an den Diskussionen, wenn es im Betrieb oder in der Schule um das Thema »Bundeswehr« geht. Wenn ein Jugendoffizier oder Wehrdienstberater in die Schule kommt, gibt es in fast allen Bundesländern die Möglichkeit, gleichzeitig KriegsdienstgegnerInnen in den Unterricht einzuladen. Wo dies nicht möglich ist (z. B. in Bayern) helfen örtliche Friedensgruppen und die Gewerkschaftsjugend beim Organisieren von Alternativveranstaltungen, um über Verweigerung von Kriegsdiensten für Frauen und Männer zu informieren.

Material für die Jugendbildungsarbeit

DFG-VK Bildungswerk NRW (Hrsg.): Planspiel
»Allgemeiner Gesellschaftsdienst für Männer und Frauen?«,
Dortmund 1992

ZDL: Zivildienst leisten!

Anerkannte Kriegsdienstverweigerer müssen statt des Wehrdienstes einen Zivildienst leisten. Die Zivildienstleistenden sollen soziale Tätigkeiten ausführen. Hieraus ergeben sich im Zivildienst vielfältige Einsatzmöglichkeiten.

In diesem Kapitel sollen einige wichtige Aspekte des Zivildienstes beleuchtet werden. Zur Klärung von Einzelfragen und zum Thema politischer Arbeit als Zivildienstleistender empfehlen wir weiterführende Literatur und den Kontakt zu einer Beratungsstelle für Kriegsdienstverweigerer.

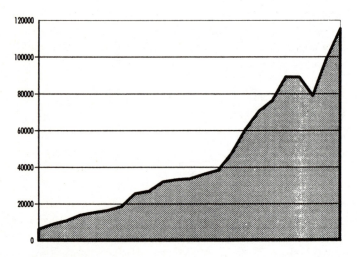

Zivildienstleistende 1971–1993

»Die Dauer des Ersatzdienstes darf die Dauer des Wehrdienstes nicht übersteigen.« (Artikel 12a, Abs. 2 des Grundgesetzes) »Der Zivildienst dauert 3 Monate länger als der Grundwehrdienst.« (§ 24 Abs. 2 des Zivildienstgesetzes/ZDG). Das Bundesverfassungsgericht hat 1985 verkündet, daß ein gegenüber dem Grundwehrdienst verlängerter Zivildienst dem Grundgesetz angeblich nicht widerspricht. Ab 1. Oktober 1990 gelten die folgenden Dienstzeiten: Der Wehrdienst dauert 12 und der Zivildienst 15 Monate. Kriegsdienstverweigerer, die ihren Antrag erst während des Wehrdienstes stellen, müssen nach ihrer Anerkennung so lange Zivildienst leisten, bis sich die Gesamtdienstzeit auf 15 Monate beläuft. Wer erst nach Beendigung seines zwölfmonatigen Grundwehrdienstes, also als Reservist, verweigert, muß auf der Grundlage eines Urteils des Bundesverfassungsgerichts aus dem Jahr 1988 nicht drei Monate, sondern nur ca. zwei Monate nachdienen. Mit einer solchen kurzen Nachdienzeit brauchst du als Reservist aber kaum zu rechnen, da es in der Praxis keine Dienststellen gibt, die bereit sind, für diese Zeit Zivildienstleistende einzusetzen. Die Kosten und der Verwaltungsaufwand sind den Dienststellen in diesen Fällen zu hoch.

Tauglichkeit und Zurückstellung

Für Kriegsdienstverweigerer gelten dieselben Zurückstellungsgründe und theoretisch auch dieselben Tauglichkeitskriterien wie für Wehrdienstleistende.

In der Praxis aber hat dasselbe Musterungsergebnis unterschiedliche Folgen, je nachdem ob du verweigerst oder nicht. Bist du in eine der ersten beiden Tauglichkeitsgruppen eingestuft worden (»t1« oder »t2«), mußt du auf alle Fälle mit einer baldigen Einberufung zu Bundeswehr oder Zivildienst rechnen. In allen schlechteren

Kategorien, insbesondere mit dem Musterungsergebnis »t7« (verwendungsfähig mit Einschränkungen für bestimmte Tätigkeiten unter Ausschluß der Grundausbildung), wird eine Einberufung zum Bund für dich immer unwahrscheinlicher, weil das Militär großen Wert auf eine möglichst unbeschränkte körperliche Tauglichkeit legt.

Das gilt allerdings überhaupt nicht für den Zivildienst! Das Bundesamt für den Zivildienst wird dich, wenn du verweigert hast, auf jeden Fall einberufen, ganz gleich, welches Musterungsergebnis du hast.

Außerdem gibt es inzwischen immer häufiger Fälle, in denen Jugendliche, die für die Bundeswehr (z.B. aufgrund einer Nahrungsmittelallergie) untauglich gewesen wären, für den Zivildienst als tauglich eingestuft wurden.

Wenigstens, wenn es um die Zurückstellung geht, sind »Zivis« den »Bundis« gleichgestellt: Wenn du von der Bundeswehr zurückgestellt warst, mußt du vom Bundesamt für den Zivildienst ebenso zurückgestellt werden. Es ist aber notwendig, daß du einen neuen Rückstellungsantrag an das Bundesamt stellst und dich darin auf den Bescheid des Kreiswehrersatzamts berufst. Die wichtigsten Gründe für eine zeitlich befristete Zurückstellung sind:

- ein Schulbesuch bis zum ersten, allgemeinen Abschluß,
- eine erste Berufsausbildung,
- ein Schulbesuch auf dem »zweiten Bildungsweg«,
- eine zweite Berufsausbildung oder ein Studium, sofern ein Drittel dieser Ausbildung oder dieses Studiums vorüber ist.

Vollständig vom Dienst kannst du zurückgestellt werden, wenn bereits zwei Brüder den Grundwehrdienst oder Zivildienst abgeleistet haben. Für eine Zurückstellung mußt du einen formlosen schriftlichen Antrag an das Bundesamt für den Zivildienst schicken und eine entsprechende Bescheinigung der Schule oder des Arbeitgebers beifügen.

Ferner gibt es Zurückstellungsansprüche für gewerkschaftlich Engagierte: Mitglieder eines Betriebs- oder Personalrates sowie Jugend- und Auszubildendenvertreter werden auf Antrag für die Dauer einer Amtsperiode vom Wehr- oder Zivildienst zurückgestellt. Auch hier mußt du einen formlosen, schriftlichen Antrag an das Bundesamt für den Zivildienst unter Bezug auf den Erlaß des Bundesbeauftragten für den Zivildienst vom 30. 8. 1976 richten. Du mußt eine schriftliche Bescheinigung des Wahlvorstandes, des Betriebsrates oder des Arbeitgebers beifügen. Falls Probleme entstehen, wende dich an deine IGM-Verwaltungsstelle. (Der Erlaß ist im Anhang abgedruckt.)

Wo Zivildienst leisten?

Bist du tauglich gemustert, dein KDV-Antrag anerkannt und liegen keine Zurückstellungen vor, so stehst du zum Zivildienst zur Verfügung. Anders als bei der Bundeswehr hast du als Kriegsdienstverweigerer großen Einfluß darauf, zu welcher Dienststelle du einberufen wirst, wenn du dich rechtzeitig (d. h. mindestens ein halbes Jahr vor Dienstantritt) um eine Stelle kümmerst. Die Suche nach einer Zivildienststelle läßt sich graphisch darstellen (siehe Abbildung).

Wie finde ich eine Zivildienststelle?

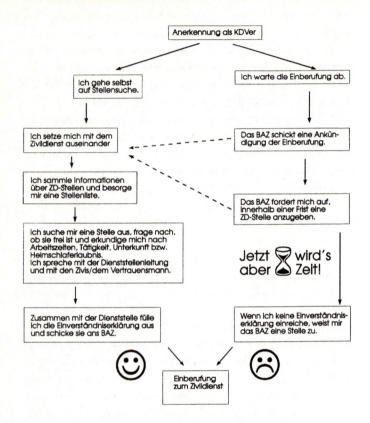

Viele Dienststellen haben das Recht, sich ihre Zivildienstleistenden selber aussuchen zu dürfen, damit die dortigen Arbeiten für hilfsbedürftige Menschen verantwortungsvoll ausgeführt werden. Aus dieser Schutzklausel für die Hilfsbedürftigen erwächst dann die Möglichkeit, sich als Verweigerer bei Dienststellen vorzustellen und dort zu besprechen, ob die Dienststelle dich als Verweigerer durch das Bundesamt für den Zivildienst einberufen lassen soll.

Ein solcher Einberufungsvorschlag wird dann mit einem Formular »Einverständniserklärung«, das die Dienststelle und der künftige ZDL gemeinsam ausfüllen müssen, an das Bundesamt für den Zivildienst geschickt. Bevor man sich auf die Suche nach einer passenden Zivildienststelle begibt, sollte man sich über ein paar Fragen Klarheit verschaffen:

- Welches Bild mache ich mir vom Zivildienst? (Welche sozialen, kirchlichen, jugendspezifischen Einrichtungen kenne ich? Wie beurteile ich sie? Kenne ich Leute, die dort arbeiten? Kenne ich ZDL, die dort sind oder waren?)
- Will oder kann ich Pflegedienst leisten? (Würde ich mich schriftlich dazu bereit erklären?)
- Wie stelle ich mir meinen Zivildienst vor? (Will ich viel Unannehmlichkeiten vermeiden und die Zeit möglichst bequem, problemlos und schnell hinter mich bringen? Will ich im Zivildienst neue Lebensbereiche kennenlernen und ausprobieren, wie ich dort zurechtkomme? Will ich im Zivildienst zum Frieden beitragen? Will ich in einer Gemeinschaftsunterkunft mit anderen ZDL leben?)
- Was hat mein Zivildienst mit der Kriegsdienstverweigerung zu tun? (Ist der Zivildienst ein helfender, ein sozialer, ein humanitärer Dienst? Ist er vielleicht ein Friedensdienst? Ist in meinem Zivildienst Friedensarbeit möglich? Will ich im Dienst für das

Recht auf KDV für Frieden und Abrüstung eintreten? Beteilige ich mich im Zivildienst an der Beseitigung von Kriegsursachen? Bin ich als ZDL Teil der Verteidigungsplanung?)

Neben diesen allgemeinen Fragen ist noch ein Hinweis vor der Stellensuche wichtig: Etwa 2/3 der Zivildienststellen sind offiziell mit Dienstunterkünften ausgestattet. Bei dem anderen Drittel hat der ZDL das Recht, weiterhin in der eigenen Wohnung zu wohnen. In diesen Fällen werden unter Umständen erheblich mehr Mietgeld und Fahrtkosten an den ZDL ausgezahlt, so daß es sich lohnt, auf die Frage nach der offiziellen »Heimschlaferlaubnis« bei Vorstellungsgesprächen zu achten. Diese ist jeweils an den ganz konkreten, einzelnen Zivildienstplatz gebunden.

Tätigkeiten im Zivildienst

Vom Zivildienst herrscht zu Unrecht immer noch das Bild des alleinigen schweren Pflegedienstes vor. Tatsache ist, daß neben dem Pflegedienst, der etwa 50 % aller Plätze ausmacht, fast jede Tätigkeit, die es als Zivilberuf gibt, auch im Zivildienst gefragt ist: Vom Bürokaufmann über Gärtner und Hausmeister (Handwerker) bis hin zum Kfz-Schlosser für den Fuhrpark von großen Wohlfahrtsverbänden.

Du kannst also entweder einen berufsnahen Zivildienstplatz bekommen, oder »einmal etwas ganz anderes« tun. Die folgende Auflistung soll einen groben Überblick über die Möglichkeiten im Zivildienst geben.

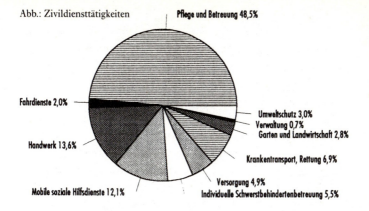

Abb.: Zivildiensttätigkeiten

Pflege- und Betreuungsdienste

In Krankenhäusern, Alten- und Pflegeheimen, in Wohnheimen und anderen stationären oder Tageseinrichtungen für körperlich und geistig Behinderte werden ZDL ähnlich wie Kranken- und Altenpfleger eingesetzt. Sie begleiten die Betreuten vom Wecken und Aufstehen, über das Waschen, Essen, Toilettengänge bis hin zu Freizeitaktivitäten. Daneben fallen allgemeine Aufräum- und Säuberungstätigkeiten in den Einrichtungen an.

Als ZDL darf man hier nicht allein und nicht ohne Anleitung einer ausgebildeten Kraft Dienst tun. Hier wird oft Schicht-, Nacht- und Wochenendarbeit geleistet.

> Niemand darf ohne seine eigene, schriftliche Zustimmung
> im Pflegedienst eingesetzt werden. Die Zustimmung kannst
> du jederzeit durch eine einfache Erklärung widerrufen.
> (Auch dies ist eine Schutzklausel für die Hilfsbedürftigen)

Individuelle Schwerstbehindertenbetreuung

Um schwerbehinderten Personen ein Leben in der Privatwohnung statt in einem Heim zu ermöglichen, können diese die Hilfe von zwei bis fünf ZDL in Anspruch nehmen, die sie dann zusammen mit Familienangehörigen oder Freunden oft rund um die Uhr versorgen. Neben der pflegerischen Tätigkeit entsteht hier meist auch ein sehr enges, persönliches Verhältnis zwischen dem ZDL und dem Betreuten. Dies kann sehr motivierend, aber auch sehr belastend sein. Die Arbeitszeit ist hier sehr unterschiedlich geregelt.

> Hat man ein Jahr in der Pflege oder in der individuellen Schwerstbehindertenbetreuung gearbeitet, dann hat man das Recht, sich auf einen weniger belastenden Platz versetzen zu lassen.

Mobile Soziale Hilfsdienste

Diese Bezeichnung ist ein Sammelbegriff für vielfältige Tätigkeiten, die für alte oder behinderte Menschen angeboten werden, um ihnen ein Leben im eigenen Haushalt zu ermöglichen und eine Heimeinweisung zu vermeiden. Es gibt Putz-, Einkaufs- und Waschdienste, Essen auf Rädern, Hilfe bei Besuchen und Ausflügen und bei der Teilnahme an kulturellen und sonstigen Veranstaltungen. Wieviel Zeit neben den helfenden Tätigkeiten für persönliche Gespräche bei einer »gemeinsamen Tasse Kaffee« bleibt, hängt von der jeweiligen Dienststelle und dem Arbeitsdruck ab. Die ZDL werden zunächst von ausgebildeten Kräften angeleitet und tun anschließend allein oder zu zweit ihren Dienst bei den Betreuten. Führerschein

Klasse III oder für Mofa ist hier Voraussetzung, weil im Zivildienst nicht wie bei der Bundeswehr der Führerschein bezahlt wird.

Handwerkliche und gärtnerische Tätigkeiten

In Jugendzentren, Jugendheimen, Jugendherbergen, Kindergärten, Kinderheimen, Kirchengemeinden, Heimvolkshochschulen, Drogen- und anderen Beratungsstellen, Obdachlosen- und Nichtseßhafteneinrichtungen, in Werkstätten und Tageseinrichtungen für Behinderte und in allen sozialen Einrichtungen können ZDL als Hausmeister, Handwerker oder Gärtner eingesetzt werden. Hier wird zusammen mit den festangestellten Beschäftigten dieser Bereiche gearbeitet. Als ZDL mit entsprechender Ausbildung oder mit handwerklichem Geschick ist man hier gerne gesehen. Die Arbeitszeit liegt zumeist an Wochentagen während der Tageszeit.

Pädagogische und erzieherische Tätigkeit

Diese Arbeiten sind für ZDL offiziell verboten, da befürchtet wird, daß ZDL mit den betreuten Kindern und Jugendlichen über die Kriegsdienstverweigerung und über Friedensansichten sprechen könnten. Nur in Gruppen mit behinderten und ausländischen Kindern und Jugendlichen dürfen ZDL eingesetzt werden, weil weder ausländische noch behinderte Jugendliche von der Wehrpflicht erfaßt werden und die Bundeswehr deshalb ihre Beeinflussung mit pazifistischen und antimilitaristischen Ideen nicht fürchtet.

Verwaltungstätigkeiten

ZDL mit der Tauglichkeitsstufe 3 bzw. 7 dürfen in Büros oder Telefonzentralen von sozialen Einrichtungen beschäftigt werden. Heute gibt es hier aber viel weniger Stellen als ZDL mit den betreffenden Tauglichkeitsstufen. Die CDU/CSU-F.D.P.-Regierung hat diesen Bereich zusammengestrichen, weil diese Tätigkeiten angeblich zu einfach und zu wenig belastend waren.

Versorgungstätigkeiten und Kraftfahrdienste

Hierunter fallen verschiedene Tätigkeiten, die nicht pflegerischer Art sind und die soziale Einrichtungen in ihrer allgemeinen Arbeit unterstützen, z.B. Küchenarbeiten, Kfz-Wartung und -Reparatur, Behindertenbus- oder Lkwfahren.

Umweltschutz

Seit 1984 gibt es Zivildienststellen im Umweltschutz. Dieser Bereich wäre sicher dann sinnvoll, wenn man hier echten, d.h. vorbeugenden und die Ursachen bekämpfenden Umweltschutz leisten könnte. Häufig ist das in der Praxis leider anders. Zivildienststellen bei Garten-, Forst- und Friedhofsämtern werden als Umweltschutzstellen ausgeschrieben, obwohl die ZDL nur Müll einsammeln müssen. Gerade hinter dem Motto »Umweltschutz« verstecken sich oft leider Stellen, die in besonderem Maße im Rahmen des Zivilschutzes in Kriegsvorbereitungen eingeplant sind. Man muß sich hier also genau erkundigen, um welche Tätigkeiten es sich im konkreten Fall handelt. Außerdem mußt du dich erheblich früher um eine dieser Stellen bemühen, als um andere, weil Zivildienst im Umweltschutz sehr beliebt ist. Bei der DFG-VK in Velbert kann eine Liste mit Stellen im Umweltschutz angefordert werden.

Krankentransport und Rettungswesen

Die Feuerwehren und einige Wohlfahrtsverbände (z.B. Rotes Kreuz, Malteser Hilfsdienst) unterhalten Rettungswachen und Krankenwagen. Hier sind zum Teil auch ZDL eingesetzt. Im Krankenwagen fahren ZDL als »zweiter Mann« neben einem voll ausgebildeten Hauptamtlichen. Der Führerschein Klasse III ist hier Voraussetzung, da das Bundesamt für den Zivildienst (BAZ) und die meisten Dienststellen keinen Führerschein bezahlen. Als ZDL absolviert man hier einen sechswöchigen Lehrgang und ein Praktikum in einem Krankenhaus. Die Arbeitszeit entspricht der von Hauptamtlichen incl. Nacht- und Wochenenddiensten.

Zivildienst in Friedensorganisationen

Friedenspolitischer und -fördernder Dienst ist nur in wenigen Stellen im Ausland möglich. Ein Zivildienst in Friedensorganisationen im Inland, etwa bei der DFG-VK, dem Versöhnungsbund oder bei Pax Christi ist gesetzlich nicht möglich und von den verantwortlichen PolitikerInnen politisch nicht erwünscht. Wenn man sich als ZDL oder Kriegsdienstverweigerer direkt für Frieden und Abrüstung einsetzen will, muß man dies außerhalb der Dienstzeit in der Friedensbewegung tun.

Sold im Zivildienst

Als Zivildienstleistender erhältst du Sold aufgrund derselben Bestimmung wie der Wehrpflichtige. Der Sold beträgt pro Kalendertag:

Soldstufe 1: 13,50 DM,
Soldstufe 2: 15,00 DM (ab dem 6. Dienstmonat),
Soldstufe 3: 16,50 DM (ab dem 12. Dienstmonat bei besonderer Qualifikation).

Zusätzlich wird das Essensgeld ausgezahlt, wenn die Dienststelle kein Essen zur Verfügung stellt. Es beläuft sich auf 3,20 DM für das fehlende Frühstück, 4,70 DM für das fehlende Mittagessen und 3,80 DM für das fehlende Abendessen, in einer Vielzahl von Fällen, z. B. während du Urlaub hast oder auf einer Dienstreise bist, wird allerdings seit kurzem nur noch der halbe Verpflegungssatz ausgezahlt. Ferner wird gegebenenfalls die Miete für deine eigene Wohnung von der Unterhaltssicherungsbehörde (= eine Abteilung des Sozialamtes) oder von der Dienststelle übernommen. Die genauen Regelungen hierfür sind umfangreich und sollten bei einer KDV-Beratungsstelle erfragt oder im »Handbuch für Zivildienstleistende« (siehe Anhang) nachgelesen werden.

ZDL als billige und rechtlose Arbeitskräfte

Zivis sind billige Arbeitskräfte. Sie kosten pro Tag (ohne Mietbeihilfe) maximal 28,20 DM, das sind 10 293 DM pro Jahr. Für die jeweiligen Dienststellen ist der ZDL noch billiger, da das Bundesamt für den Zivildienst etwa die Hälfte der Kosten ersetzt. Würden demgegenüber ausgebildete Fachkräfte für den sozialen Bereich eingesetzt werden, also Krankenschwestern, Rettungssanitäter, Erzieherinnen usw., so fielen für jede einzelne Kraft durchschnittlich 33 423 DM pro Jahr Personalkosten an. Jeder kann sich ausrechnen, was für eine enorme Kostenersparnis der Einsatz von ZDL mit sich bringt.

Diese Situation im sozialen Bereich führt dazu, daß Zivildienstleistende im wachsenden Maße als »Arbeitsplatzvernichter« mißbraucht werden. So gibt es z. B. über 60 000 ZDL in der Pflege, während gleichzeitig über 33 000 ausgebildete KrankenpflegerInnen und AltenpflegerInnen arbeitslos sind. Der Einsatz von ZDL hat noch eine weitere Kehrseite: Naturgemäß können ZDL nicht die Leistung von mehrjährig ausgebildeten Fachkräften erbringen. Dies hat zur Folge, daß die Qualität der Versorgung im sozialen Bereich zunehmend abnimmt. Und wie in allen wirtschaftlichen Bereichen, in denen »billige Arbeitskräfte« eingesetzt werden, entsteht Lohndruck: qualifizierte Arbeitskräfte müssen sich oftmals mit schlechten, untertariflichen Arbeitsbedingungen zufriedengeben. Das führt letztendlich dazu, daß immer weniger Menschen bereit sind, in diesen Berufen zu arbeiten. Diesem doppelten Skandal des Mißbrauchs von ZDL als »Jobkiller« und als »Lohndrücker« muß stärkerer Widerstand entgegengesetzt werden. Vor allem ein gemeinsamer Widerstand der Gewerkschaften zusammen mit den Zivildienstleistenden und ihren Organisationen, der DFG-VK und der Selbstorganisation der Zivildienstleistenden (SOdZDL). Widerstand gegen den sozialpolitischen Mißbrauch von ZDL beinhaltet vor allem die Schaffung von mehr Rechten für die Zivis und die Schaffung von mehr Rechten auf Mitbestimmung für die Betriebs- und Personalräte der jeweiligen Dienststellen. Es muß gesetzlich verankert werden, daß die Betriebs- bzw. Personalräte ein volles Mitbestimmungsrecht über das »Ob« und »Wie« des Einsatzes von Zivildienstleistenden bekommen. Gleichzeitig ist abzusichern, daß Zivildienstleistende – wie alle übrigen Beschäftigten – sich in sämtlichen Angelegenheiten, z. B. in Sold- oder Urlaubsfragen an die betrieblichen Interessenvertretungen wenden können.

Zivildienstleistende im Krieg

Nach § 79 Zivildienstgesetz (ZDG) haben anerkannte Kriegsdienstverweigerer im Verteidigungsfall unbefristeten Zivildienst zu leisten. Um sicherzustellen, daß alle anerkannten Kriegsdienstverweigerer dann auch einberufbar sind, gibt es die Zivildienstüberwachung nach § 23 ZDG. Auf der Grundlage dieser beiden Paragraphen regelt die Bundesmeldedatenübermittlungsverordnung, daß die Meldeämter automatisch zu Zwecken der Wehr- bzw. Zivildienstüberwachung die Daten und die Datenänderungen aller männlichen Bürger zwischen 18 und 32 Jahren an die Kreiswehrersatzämter und an das Bundesamt für den Zivildienst weiterleiten. Seit 1981 sind die ZDL ferner dem für den gesundheitlichen Zivilschutz im Krieg zuständigen Ministerium unterstellt, heute also dem Bundesministerium für Familie, Senioren, Frauen und Jugend.

Zuvor waren die ZDL dem Arbeits- und Sozialminister unterstellt, was ihren Einsatzgebieten und der Struktur der staatlichen Verwaltung sehr viel besser entsprach. Somit haben das Bundesamt für den Zivildienst und das Bundesministerium für Familie, Senioren, Frauen und Jugend als oberste Behörden sowohl die Befehlsgewalt und die Einsatzplanung als auch die aktuellen Personen- und Wohnungsdaten aller ehemaligen ZDL ständig parat. Ferner sind die Krankenhäuser, die Altenheime und die Wohlfahrtsverbände über die örtlichen Zivilschutzplanungen in die zivile Verteidigung eingebunden. Diese ist zugleich aber Teil der Gesamtverteidigung, die von der Bundeswehr gemeinsam mit der militärischen Verteidigung befehligt wird. Die Interessenorganisationen der Verweigerer und der ZDL und die Gewerkschaften setzen sich für die Abschaffung dieser Regelungen ein, weil diese die friedenspolitischen Absichten der KDVer unterlaufen und ihnen diametral entgegenstehen.

Totale Kriegsdienstverweigerung

Einige Kriegsdienstverweigerer verweigern aufgrund der Einplanung der ZDL in den Krieg auch den Zivildienst. Sie bezeichnen sich als totale Kriegsdienstverweigerer. Totale Kriegsdienstverweigerer weisen nachdrücklich auf die militärische Komponente des Zivildienstes hin. Mit ihrem persönlichen Einsatz (der zumeist als Dienstflucht mit Geld- oder Haftstrafen geahndet wird) und durch Öffentlichkeitsarbeit erreichen die relativ wenigen totalen KDVer eine große Resonanz! Wenn du überlegst, diesen Schritt zu tun, solltest (unbedingt Kontakt zur DFG-VK und zu anderen KDVern, die total verweigert haben, aufnehmen.

Der Vertrauensmann der Zivildienstleistenden

In Dienststellen mit mehr als fünf ZDL können die ZDL einen Vertrauensmann wählen. Die Vertrauensleute haben einige, wenn auch zu wenig Rechte. Ähnlich wie der Betriebsrat können die Vertrauensleute die ZDL bei Auseinandersetzungen mit der Dienststelle in Fragen des Soldes, des Urlaubs und Sonderurlaubs und bei Disziplinarverfahren unterstützen. Die Wahl von Vertrauensleuten ist deshalb sehr zu empfehlen. Die Wahlvorschriften sind im offiziellen »Leitfaden für die Durchführung des Zivildienstes«, der in jeder Dienststelle vorhanden sein muß, im Abschnitt B7 abgedruckt.

Qualifizierungsmaßnahmen für Vertrauensleute und solche, die es werden wollen, bieten häufig die Kirchen an. (Du mußt aber nicht der jeweiligen Konfession angehören, um an solchen Seminaren teilzunehmen.)

Die Personal-/Betriebsräte und die ZDL

Die Personal- und Betriebsräte sind als Vertreter aller Beschäftigten eines Arbeitgebers auch die Ansprechpartner und Vertreter der ZDL. Die ZDL oder ihre gewählten Vertrauensleute sollten zu den Besprechungen der Personal- und Betriebsräte eingeladen werden. Offiziell haben sie hier eine beratende Stimme (vgl. »Leitfaden für die Durchführung des Zivildienstes«, der in jeder Dienststelle vorhanden ist). Eine wichtige Anforderung wäre in Zeiten der Massenarbeitslosigkeit, daß die Vertreter der Beschäftigten rechtlich und praktisch ein Mitbestimmungsrecht über den Einsatz und die Einstellung von ZDL wahrnehmen würden. Beispielhaft sind die Bemühungen des Personalrats des Krankenhauses Bremen-Ost, dort keine zusätzlichen ZD-Stellen zuzulassen und alte langsam abzubauen.

Die Gewerkschaften und die ZDL

Für die Inanspruchnahme des Rechts auf Kriegsdienstverweigerung gewährt die IG Metall ihren Mitgliedern Rechtsschutz. In bestimmten Fällen auch für die Zeit des Zivildienstes, z. B. wenn es sich um Versorgungssachen oder Schadenersatzansprüche handelt. Mitglieder der IG Metall bleiben auch während des Zivildienstes in ihrer Gewerkschaft. Während des Zivildienstes ruht die Beitragspflicht, so daß keine Mitgliedsbeiträge zu zahlen sind. Hierzu ist jedoch eine Mitteilung an die zuständige Verwaltungsstelle der IG Metall notwendig; auch deshalb, um weiterhin die Gewerkschaftszeitung beziehen zu können.

Zivildienstleistende, die bislang noch nicht Mitglied einer Gewerkschaft sind, können der für den sozialen Bereich (zumeist) zuständigen Gewerkschaft Öffentliche Dienste, Transport und Verkehr (ÖTV) als Mitglied beitreten. Zivildienstleistende, die Mitglied der ÖTV sind, haben nach der Satzung der Gewerkschaft Anspruch auf Rechtsschutz in allen Streitfällen, die im unmittelbaren Zusammenhang mit ihrem Dienstverhältnis als Zivildienstleistende entstanden sind. Nähere Informationen hierzu gibt die örtliche ÖTV-Kreisverwaltung.

Auch andere DGB-Gewerkschaften wie die IG Medien, die Gewerkschaft Holz und Kunststoff (GHK), die Gewerkschaft Handel, Banken und Versicherungen (HBV), die Deutsche Postgewerkschaft (DPG) und die Gewerkschaft Textil/Bekleidung (GTB) gewähren Kriegsdienstverweigerern Unterstützung oder Rechtsschutz, der z. T. unterschiedlich geregelt ist. In diesen Fragen wende dich bitte an die für dich zuständige Geschäftsstelle deiner Gewerkschaft.

Die SOdZDL

SO – das heißt »Selbstorganisation«. In der SO haben sich in einer Reihe von Orten ZDL zusammengeschlossen, um ihre persönlichen und politischen Belange im Zivildienst und der jeweiligen Dienststelle zur Geltung zu bringen. Z. B. organisierte die SO während des Golfkriegs Streiks, um gegen den Krieg und die Einbeziehung von Zivis in militärische Planungen (»zivile« Verteidigung) zu protestieren.

Die DFG-VK und die Zivildienstleistenden

Die DFG-VK vertritt die ZDL in der Öffentlichkeit und in der politischen Auseinandersetzung. Sie berät ZDL in Dienst- und Rechtsfragen und organisiert mit ihnen ZDL-Treffs und öffentliche Aktionen. Sie entsendet zwei Vertreter in den »Beirat für den Zivildienst«, der im Bonner Familienministerium alle Veränderungen des Zivildienstes vorab diskutiert. Grundsätzlich fordert die DFG-VK die Abschaffung des staatlichen Zwangsdienstes. Solange das nicht erreicht ist, setzt sich die Organisation für die Verbesserung der Lage der ZDL ein: freie Wahl der Dienststelle, Erhöhung der Geldbezüge, Schaffung friedens- und umweltpolitischer Einsatzstellen sind einige solche Punkte (vgl. »Positionen der DFG-VK zu KDV und Zivildienst«, Velbert 1988).

> Als ergänzende Lektüre empfehlen wir das »Handbuch für Zivildienstleistende« von Jan Brauns.

Wehrpflicht für Ausländer und Doppelstaater

Ausländer, die in der Bundesrepublik Deutschland wohnen, unterliegen der Wehrpflicht desjenigen Staates, dessen Staatsangehörigkeit sie besitzen. Wenn du Ausländer bist, gelten für dich also die Wehrpflichtgesetze deines Heimatlandes. Das bedeutet, daß du möglicherweise die Bundesrepublik für einen längeren Zeitraum verlassen mußt, um deinen Wehr- oder Zivildienst abzuleisten. Dein Aufenthaltsrecht in Deutschland gefährdest du dadurch nicht, wenn du dich sofort nach Beendigung des Wehrdienstes mit dem deutschen Konsulat in Verbindung setzt und sofort nach Deutschland zurückkehrst.

Staatsangehörige von EU-Mitgliedsstaaten genießen darüber hinaus denselben Arbeitsplatzschutz wie ihre deutschen Kollegen. Das heißt, daß dir für die Dauer des Wehr- oder Zivildienstes sowohl deine Arbeitserlaubnis als auch dein Arbeitsplatz erhalten bleiben.

Angehörige von Staaten, die keine EU-Vollmitglieder sind, sind in dieser Hinsicht schlechter gestellt. Ihr Arbeitsplatz wird ihnen nicht gesetzlich garantiert. Es lohnt sich aber, mit dem Arbeitgeber frühzeitig darüber zu sprechen und nach Möglichkeit eine individuelle Regelung zu treffen. Du kannst auch die JAV oder den Betriebsrat bitten, sich für den Erhalt deines Arbeitsplatzes einzusetzen.

Wer als türkischer Staatsangehöriger die sogenannte »Freikaufsregelung« in Anspruch nimmt und durch die Zahlung von DM 10 000 seinen Wehrdienst auf zwei Monate verkürzt, kann dies im Rahmen seines Rechts auf unbezahlten Sonderurlaub tun. Sollte dir dein Arbeitgeber deswegen Schwierigkeiten machen, wende dich an die JAV, den Betriebsrat oder die gewerkschaftlichen Vertrauensleute in deinem Betrieb.

Wehrpflicht und Kriegsdienstverweigerung in Europäischen Staaten

Land	Wehrpflichtdauer (in Monaten)	Alternativen (Dauer in Monaten)
Albanien	ja, 15	in Vorbereitung
Belgien	ja, 6-8, Abschaffung geplant	Zivildienst, 10-12
Bosnien-Herzegowina	ja, Mobilmachung	keine
Bulgarien	ja, 12	waffenloser Militärdienst
Dänemark	ja, 9, Losverfahren	Zivildienst, 11
Deutschland	ja, 10	Zivildienst, 13, und waffenloser Militärdienst
Estland	ja, 18	Zivildienst, 24
Finnland	ja, 8	Zivildienst, 13
Frankreich	ja, 10	Zivildienst, 20
Georgien	ja, 18	Zivildienst, 30-36
Griechenland	ja, 15-23	waffenloser Militärdienst, 40
Großbritannien	nein	
Irland	nein	
Island	nein, keine Armee	
Italien	ja, 12	Zivildienst, 12
Kroatien	ja, 10	Zivildienst, 15
Lettland	ja, 18	Zivildienst, 24
Liechtenstein	nein, keine Armee	
Litauen	ja, 12	Zivildienst, 24
Luxemburg	nein	
Makedonien	unbekannt	unbekannt
Malta	nein	

Land	Wehrpflichtdauer (in Monaten)	Alternativen (Dauer in Monaten)
Moldawien	ja, 12	Zivildienst, 24
Monaco	nein	
Niederlande	ja, 9, Abschaffung der Wehrpflicht 1996	Zivildienst, 12
Norwegen	ja, 12-15	Zivildienst, 16
Österreich	ja, 8	Zivildienst, 6-8
Polen	ja, 18	Zivildienst, 12-18
Portugal	ja, 10	Zivildienst 7
Rumänien	ja, 12	waffenloser Militärdienst in Vorbereitung
Rußland	ja, 12-18	waffenloser Militärdienst
San Marino	nein	
Schweden	ja, 10-14	Zivildienst, 7-17
Schweiz	ja, Milizsystem	waffenloser Militärdienst, 4-7
Serbien/Montenegro	ja, 7	angeblich Zivildienst in Vorbereitung
Slowakische Republik	ja, 18	Zivildienst, 27
Slowenien	ja, 7	Zivildienst, 7
Spanien	ja, 13	Zivildienst, 13-16
Tschechische Republik	ja, 18	Zivildienst, 27
Türkei	ja, 18	nein
Ukraine	ja, 12	Zivildienst, 36
Ungarn	ja, 12	Zivildienst, 22
Weißrußland	ja, 36	Zivildienst, 12
Zypern	ja, 26	Zivildienst, 42, waffenloser Militärdienst, 24

Quelle: Zusammenstellung aus: tilt 4/94

Wehrpflicht für Doppelstaater

Wenn du neben der deutschen noch eine weitere Staatsangehörigkeit besitzt, mußt du dich erkundigen, ob dir die Ableistung der Wehrpflicht hier in dem anderen Land anerkannt wird, bzw. ob dort auch die Ableistung des Zivildienstes in Deutschland als Erfüllung der Wehrpflicht akzeptiert wird. Die Bundesrepublik Deutschland rechnet seit 1994 nach § 8 Wehrpflichtgesetz den im Ausland geleisteten Wehrdienst auf die Erfüllung der deutschen Wehrpflicht an. Auskunft über die aktuellen Regelungen der anderen Staaten erteilen die Militärattachés der betreffenden Botschaften.

KDV ist ein Menschenrecht!

Obwohl die UN und der Europarat wiederholt auf die Bedeutung der Kriegsdienstverweigerung als allgemeines Menschenrecht hingewiesen haben, gibt es auch unter deren Mitgliedern noch Staaten, die dieses Recht ablehnen. In Europa sind dies vor allem die Türkei und Griechenland. Ähnliches gilt für die Nachfolgestaaten Jugoslawiens, die zwar theoretische KDV-Regelungen verabschiedet haben, diese aber aufgrund des Krieges nicht anwenden. Seit Beginn der Kämpfe haben schon mehrere zehntausend Kriegsdienstverweigerer und Deserteure aus den am Krieg beteiligten Armeen in Deutschland Zuflucht gesucht. Die DFG-VK berät und unterstützt Flüchtlinge, die sich dem Krieg verweigern; in Bayern haben sich Deserteure aus dem früheren Jugoslawien zusammengeschlossen, um ihre Interessen gemeinsam zu vertreten.

Askere gitme – geh nicht zum Militär!

Auch das türkische Militär führt einen blutigen Krieg im eigenen Land. Seit Beginn des Krieges gegen die Truppen der PKK wurden im Osten der Türkei bisher etwa 1 800 kurdische Dörfer und Städte vom Militär zerstört. Immer mehr junge Männer lehnen es aus verschiedenen Gründen ab, sich an diesem Krieg zu beteiligen. Anfang 1994 waren nach Angaben des türkischen Verteidigungsministeriums 250 000 Wehrpflichtige in der Türkei auf der Flucht vor der Einberufung zum Militär. Kriegsgegnerorganisationen, die auch für das Recht auf Kriegsdienstverweigerung in der Türkei eintreten, haben sich in Izmir und Istanbul gegründet. In Deutschland haben sich KDVer türkischer Staatsangehörigkeit im Arbeitskreis »KDV und Türkei« der DFG-VK organisiert.

Solidaritätserklärung

Eine sich offen, demokratisch und human begreifende Gesellschaft kommt ohne zivile Standards nicht aus. Einen Kernbestandteil ziviler Mindeststandards stellt das unveräußerliche Recht auf Kriegsdienstverweigerung dar.

Dem wurde auch von der Menschenrechtskommission der Vereinten Nationen im März 1989 entsprochen, indem alle Mitgliedsstaaten aufgefordert wurden, im Rahmen ihrer nationalen Gesetzgebung Grundlagen zur Verankerung des Rechts auf Kriegsdienstverweigerung zu schaffen.

Dennoch: Nach wie vor weigert sich der türkische Staat, entsprechende Konsequenzen zu ziehen. Die Folge ist eine massive Diskriminierung und Kriminalisierung derjenigen, die, ihrem Gewissen folgend, weder das Töten lernen noch den Krieg führen wollen. Eine gesicherte, lebenswerte Zukunft läßt sich nicht durch Panzer und Soldaten erreichen. Vielmehr ist in einer komplizierter gewordenen Welt Intelligenz und Sachverstand gefragt, also zivile Kompetenzen, die auf friedliche Konfliktlösungsstrategien setzen.

Sicherheit definiert sich somit nicht nur in militärischen, sondern in sozialen, familiären und friedliebenden Kategorien. Deshalb kann es nicht verwundern, daß auch immer mehr junge Männer in der Türkei Zweifel daran haben, daß sich Sicherheit nur militärisch produzieren läßt. Deshalb sollte auch der türkische Staat diesen Bewußtseinswandel als Chance begreifen. Statt diese jungen Männer weiterhin in die Kasernen zu rufen, sollte ihnen Möglichkeiten für ein sinnvolles Engagement geboten werden; im sozialen, kulturellen und ökologischen Bereich.

Für die Gewerkschaften ist seit jeher klar: Sozialer Fortschritt läßt sich nur in einem Zustand des Friedens und der Demokratie verwirklichen. Deshalb steht die IG Metall auf der Seite derjenigen, die zu einem immer sinnloser werdenden Kriegsdienst »Nein« sagen.

Yilmaz Karahasan, geschäftsführendes Vorstandsmitglied der IG Metall, im Februar 1994

Wenn du als türkischer Staatsangehöriger die Regelung nutzt, durch die Zahlung von DM 10 000 deinen Wehrdienst auf zwei Monate zu verkürzen, mußt du zwar nicht damit rechnen, als Soldat in den Krieg geschickt zu werden, aber die Devisen, die dem türkischen Staat auf diese Weise zufließen, dienen nicht zuletzt dazu, den Krieg in Kurdistan zu finanzieren. Ob du dazu bereit bist, sollte ebenso dein Gewissen entscheiden, wie die Frage, ob du als Soldat im Krieg Menschen töten könntest.

> *Literaturempfehlung*
>
> »Askere gitme! – Geht nicht zum Militär!«; türkisch/deutsche Broschüre, 48 S., und: Ahmet Hür: Türkisches Militärrecht in bezug auf Kriegsdienstverweigerung; erhältlich beim DFG-VK Bildungswerk NRW (Adresse im Anhang)

Kein Recht auf KDV im Heimatland?

Die Entscheidung zur Kriegsdienstverweigerung ist eine grundsätzliche Entscheidung, die du nur selbst treffen kannst. Kriegsdienstverweigerer bist du durch deine eigene Selbstbestimmung, nicht durch die Anerkennung seitens eines Staates. Deshalb kannst du Kriegsdienstverweigerer sein, auch wenn der Staat keine legale KDV-Gesetzgebung hat.

Wenn das Land, dessen Staatsbürger du bist, das Recht auf Kriegsdienstverweigerung nicht anerkennt, mußt du trotzdem nicht verzweifeln. Das Grundgesetz der Bundesrepublik Deutschland schützt auch deine Gewissensentscheidung. Der Bundesgerichtshof hat 1977 entschieden, daß Artikel 4 Absatz 3: »Niemand darf gegen sein Gewissen zum Kriegsdienst mit der Waffe gezwungen werden« nicht nur für Deutsche gilt, sondern für alle, die hier leben. Zwar gilt die Verfolgung von Kriegsdienstverweigerern und Deserteuren nicht als Asylgrund, aber eine Abschiebung in ein Land, das dich zum Kriegsdienst zwingen würde, ist auch so ohne weiteres nicht möglich, insbesondere nicht in ein Land, das sich im Kriegszustand befindet.

Wenn du wegen der Kriegsdienstverweigerung Probleme mit

den deutschen Behörden oder mit der Botschaft deines Heimatlandes bekommst, solltest du dich unbedingt an deine Gewerkschaft und/oder die nächstgelegene Beratungsstelle der DFG-VK wenden. Dort kannst du auch die Adressen von RechtsanwältInnen erfragen, die sich in KDV- und Ausländerrecht auskennen.

> DFG-VK Bildungswerk NRW (Hrsg.): KDV von Ausländern und Doppelstaatern, Dortmund 1995

Was tun?

Als einzelner kannst du den Kriegsdienst verweigern. Was kannst du darüber hinaus für Beiträge zur Sicherung der anderen Zukunft leisten? Wir wollen hier ein paar Anregungen geben, die du gemeinsam mit anderen, sei es aus der IG Metall-Jugend oder der DFG-VK, aufgreifen könntest.

Die Berufsschulaktion

In den Berufsschulen kommen die Azubis einer Stadt oder Region regelmäßig zusammen. An den Berufsschulen besteht also die Möglichkeit, junge KollegInnen und Azubis gezielt anzusprechen. Dazu kann z. B. ein Flugblatt – am besten gemeinsam von DFG-VK und IG Metall-Jugend – erstellt werden. In jedem Fall können Flugblätter und Plakate zum Thema KDV bei der DFG-VK Bundesgeschäftsstelle (Adresse im Anhang) bestellt werden.
Und das kann man machen:

- *Aktion:* Morgens vor der Berufsschule Flugblätter verteilen. In der Pause einen Infostand aufbauen, Kassettenrecorder anwerfen, vielleicht noch Kaffee anbieten; und los geht's: Diskutieren, argumentieren, überzeugen und beraten.
- *Spezialaktion:* Noch interessanter wird es, wenn es gelingt, zusätzlich in den Unterricht eingeladen zu werden. In fast allen Bundesländern ist dies inzwischen durch die Kultusministerien erlaubt; Jugendoffiziere und Wehrdienstberater der Bundeswehr

laden sich oft frech selbst ein. Kontakte zu interessierten LehrerInnen können z.B. über ihre Gewerkschaft, die GEW, hergestellt werden.

Der KDV-Abend

Die IG Metall-Jugend bietet an vielen Orten Abende der Jugendausschüsse an, die DFG-VK KDV-Beratungsabende und/oder Zivi-Treffs. Warum nicht einmal einen eigenen Abend gestalten? Mit einem vorher festgelegten Thema – KDV, Rüstungsexport oder Bundeswehreinsätze »out of area« –, vielleicht mit ReferentInnen oder Medien vom DFG-VK Bildungswerk NRW und mit möglichst vielen Mitgliedern und unorganisierten InteressentInnen. Ein absolutes Muß sind also Einladungen und die Werbung per Flugblatt und/oder Tageszeitung.

Die Wandzeitung

In der Berufsschule, im Betrieb, in der Bildungsstätte oder im Jugendheim: Fast überall gibt es einen Platz, auf dem eine Wandzeitung aufgehängt werden kann. Gestaltet werden kann sie z.B. mit Tips zum Verweigern, mit Aussagen von Persönlichkeiten zum Thema Militär und KDV, mit einem Gedicht z.B. von Tucholsky oder Kästner... und vor allem mit Phantasie. Wo eine Wandzeitung nicht geduldet wird oder nicht genügend Platz vorhanden ist – wenigstens Ort und Zeit der örtlichen KDV-Beratung aushängen.

Die provokative Straßenaktion

Warum nicht anstelle eines normalen Infostandes mal eine etwas auffälligere Aktion durchführen? Hier zwei Beispiele als Anregungen, natürlich ist es immer sinnvoll, die eigene Phantasie spielen zu lassen:

»Reisebüro Wehrhaft«

In der Innenstadt veranstaltet das »Reisebüro Wehrhaft« eine große Werbeaktion für »BW-Tours« – die schönsten Reisen in die gefährlichsten Krisengebiete der Welt. Interessierte PassantInnen werden eingeladen, sich ihr Reiseziel vom Glücksrad bestimmen zu lassen: Somalia, Bosnien, Kambodscha oder Tschetschenien sind zum Beispiel aktuelle Angebote. Wohin es geht, dürfen sich die Reiselustigen zwar nicht aussuchen – aber doch, als was sie reisen wollen: als Gefahrentourist im Safarilook, Blauhelmsoldat in NATO-oliv, Krankenschwester mit Kittel oder Waffenschieber mit Schlips, Kragen und Aktenkoffer – die entsprechende Verkleidung wird rasch übergezogen, eine Impfung (mit Schokodragees) gegen »Kriegsmüdigkeit«, »Skrupel« oder »Militarismusallergie« verpaßt und zum Schluß das Ergebnis per Polaroid dokumentiert. Zum Abschied gibt es noch ein »Überlebenspäckchen«, das natürlich auch Informationen zur Kriegsdienstverweigerung enthält.

»Aktion Minenteppich«

In der Fußgängerzone werden mit Kreide Kreise von Tellergröße auf den Boden gemalt. Sie symbolisieren Landminen, eine Waffe, die in vielen Kriegsregionen der Welt vor allem ZivilistInnen gefährdet und die u. a. in Deutschland hergestellt wird. Zwischen den Kreisen oder auf Stelltafeln können Bilder von Minenopfern die Folgen dieser Rüstungsexporte verdeutlichen. Die PassantInnen werden mit einem Flugblatt über den Sinn der Aktion informiert. Auch hierzu kann wieder Presse eingeladen werden.

Die Solidaritätsparty

Der Antikriegstag, der 1. September, ist traditionell der gewerkschaftliche Aktionstag gegen den Krieg. Der 1. Dezember ist der internationale Tag der Kriegsdienstverweigerer. Beide Daten bieten sich an, um eine Solidaritätsparty zu veranstalten, zum Beispiel für Kriegsdienstverweigerer in der Türkei, für Deserteure aus dem ehemaligen Jugoslawien in Deutschland oder für die russischen Soldatenmütter, die ihre wehrpflichtigen Söhne aus dem tschetschenischen Kriegsgebiet herausgeholt und ständigen Druck auf die russische Regierung ausgeübt haben, um diesen Krieg zu beenden. Über Spendenkonten informieren die DFG-VK und die IG Metall-Jugend.

Das Friedensquiz

Ein Quiz mit Fragen zu Rüstung und Militär kann ein guter Anreiz sein, sich mit diesen Fragen auseinanderzusetzen. Wichtig ist dabei, daß die Fragen weder zu leicht noch zu schwer sind, und daß immer verschiedene Antworten vorgegeben sind, die nur noch angekreuzt werden müssen. Als Preise eignen sich Aktionsmaterialien der IG Metall-Jugend oder der DFG-VK wie T-Shirts, Tassen, Bücher, Aufkleber, Buttons und Plakate. Ein solches Quiz kann auch in andere Aktionen – z. B. die Berufsschulaktion oder die Solidaritätsparty – integriert werden.

Das Seminar

Wenn sich mehrere Leute näher mit Rüstungs- und Abrüstungspolitik auseinandersetzen wollen, können sie zusammen mit der

DFG-VK und bei der IG Metall-Jugend ein Seminar zum Thema planen und durchführen. Zuständig hierfür sind die Bildungssekretäre der Gewerkschaft und die Bildungswerke oder Landesgeschäftsstellen der DFG-VK. Diese helfen bei der Organisation, bei der Konzepterstellung und bei der inhaltlichen und methodischen Ausgestaltung. Teilweise sind dort auch Bildungsmaterialien erhältlich, wie das Planspiel »Einführung eines allgemeinen Gesellschaftsdienstes für Männer und Frauen?« des DFG-VK Bildungswerks NRW.

Anhang

Gesetze

Grundgesetz (GG) – Auszüge

Artikel 1 Absatz 3

(3) Die nachfolgenden Grundrechte binden Gesetzgebung, vollziehende Gewalt und Rechtsprechung als unmittelbar geltendes Recht.

Artikel 4 Absatz 3

(3) Niemand darf gegen sein Gewissen zum Kriegsdienst mit der Waffe gezwungen werden. Das Nähere regelt ein Bundesgesetz.

Artikel 12a Absätze 1 u. 2

(1) Männer können vom vollendeten 18. Lebensjahr an zum Dienst in den Streitkräften, im Bundesgrenzschutz oder in einem Zivilschutzverband verpflichtet werden.
(2) Wer aus Gewissensgründen den Kriegsdienst mit der Waffe verweigert, kann zu einem Ersatzdienst verpflichtet werden. Die Dauer des Ersatzdienstes darf die Dauer des Wehrdienstes nicht übersteigen. Das Nähere regelt ein Gesetz, das die Freiheit der Gewissensentscheidung nicht beeinträchtigen darf und auch eine Möglichkeit des Ersatzdienstes vorsehen muß, die in keinem Zusammenhang mit den Verbänden der Streitkräfte und des Bundesgrenzschutzes steht.

Artikel 19 Absatz 2

(2) In keinem Fall darf ein Grundrecht in seinem Wesensgehalt angetastet werden.

Artikel 87a Absätze 1 und 4

(1) Der Bund stellt Streitkräfte zur Verteidigung auf. Ihre zahlenmäßige Stärke und die Grundzüge ihrer Organisation müssen sich aus dem Haushaltsplan ergeben.
(4) Zur Abwehr einer drohenden Gefahr für den Bestand oder die freiheitlich demokratische Grundordnung des Bundes oder eines Landes kann die Bundesregierung Streitkräfte zur Unterstützung der Polizei und des Bundesgrenzschutzes beim Schutz ziviler Objekte und bei der Bekämpfung organisierter und militärisch bewaffneter Aufständischer einsetzen. Der Einsatz von Streitkräften ist einzustellen, wenn der Bundestag oder der Bundesrat es verlangen.

Kriegsdienstverweigerungsgesetz (KDVG) – Auszüge

Erster Abschnitt:
Allgemeine Vorschriften

§ 1 Grundsatz

Wer sich aus Gewissensgründen der Beteiligung an jeder Waffenanwendung zwischen den Staaten widersetzt und deshalb unter Berufung auf Artikel 4 Abs. 3 Satz 1 des Grundgesetzes den Kriegsdienst mit der Waffe verweigert, hat statt des Wehrdienstes

Zivildienst außerhalb der Bundeswehr als Ersatzdienst gemäß Artikel 12a Abs. 2 des Grundgesetzes zu leisten.

§ 2 Antragstellung

(1) über die Berechtigung, den Kriegsdienst mit der Waffe zu verweigern, wird auf Antrag entschieden.

(2) Der Antrag ist vom Antragsteller schriftlich oder zur Niederschrift beim Kreiswehrersatzamt zu stellen. Der Antrag muß die Berufung auf das Grundrecht der Kriegsdienstverweigerung (Artikel 4 Abs. 3 Satz 1 des Grundgesetzes) enthalten. Dem Antrag sind ein ausführlicher Lebenslauf und eine persönliche, ausführliche Darlegung der Beweggründe für die Gewissensentscheidung sowie ein Führungszeugnis (§ 28 des Bundeszentralregistergesetzes) beizufügen.

(3) Soldaten, ungediente Wehrpflichtige, die zum Wehrdienst einberufen oder schriftlich benachrichtigt sind, daß sie als Ersatz für Ausfälle kurzfristig einberufen werden können, sowie gediente Wehrpflichtige können ihrem Antrag schriftliche Stellungnahmen und Beurteilungen Dritter zu ihrer Person und zu ihrem Verhalten beifügen. Außerdem können Personen benannt werden, die zu Auskünften über den Antragsteller bereit sind.

(4) Der Antrag eines ungedienten Wehrpflichtigen ist frühestens sechs Monate vor Vollendung des achtzehnten Lebensjahres des Antragstellers zulässig; der Antrag soll vierzehn Tage vor der Musterung eingereicht werden.

(5) Das Kreiswehrersatzamt bestätigt dem Antragsteller den Eingang des Antrags. Sobald der Musterungsbescheid unanfechtbar geworden oder über ihn rechtskräftig entschieden worden ist, leitet es den Antrag mit den Personalunterlagen der zuständigen Stelle (§§ 4, 9) zu.

§ 3 Wirkungen der Antragstellung

(1) Die Stellung eines Antrags nach § 2 befreit nicht von der Pflicht, sich zur Erfassung zu melden und zur Musterung vorzustellen.

(2) Vom Zeitpunkt der Antragstellung an ist eine Einberufung zum Wehrdienst erst zulässig, wenn der Antrag unanfechtbar oder rechtskräftig abgelehnt oder zurückgenommen worden ist. Der Antrag hindert die Heranziehung zum Wehrdienst jedoch nicht, wenn der Wehrpflichtige vor dem Zeitpunkt der Antragstellung einberufen oder schriftlich benachrichtigt worden ist, daß er als Ersatz für Ausfälle kurzfristig einberufen werden kann; das gleiche gilt, wenn eine ablehnende Entscheidung über einen früheren Antrag des Antragstellers unanfechtbar oder rechtskräftig geworden ist oder der Antragsteller einen früheren Antrag zurückgenommen hat.

Zweiter Abschnitt:
Anerkennung von ungedienten Wehrpflichtigen

§ 4 Zuständigkeit

(1) Über den Antrag eines ungedienten Wehrpflichtigen, der weder einberufen noch schriftlich benachrichtigt ist, daß er als Ersatz für Ausfälle kurzfristig einberufen werden kann, entscheidet das Bundesamt für den Zivildienst (Bundesamt) nach den Vorschriften dieses Abschnitts.

(2) Ist über einen Antrag nach Absatz 1 unanfechtbar oder rechtskräftig entschieden oder ist ein Antrag zurückgenommen worden, so entscheidet über einen weiteren Antrag dieses Wehrpflichtigen statt des Bundesamtes der zuständige Ausschuß der Kriegsdienstverweigerung (§ 9) nach den Vorschriften des Dritten Abschnitts.

§ 5 Anerkennung ohne persönliche Anhörung

(1) Der Antragsteller ist ohne persönliche Anhörung als Kriegsdienstverweigerer anzuerkennen, wenn
1. der Antrag vollständig ist (§ 2 Abs. 2),
2. die dargelegten Beweggründe das Recht auf Kriegsdienstverweigerung zu begründen geeignet sind und
3. das tatsächliche Gesamtvorbringen des Antragstellers und die dem Bundesamt bekannten sonstigen Tatsachen keine Zweifel an der Wahrheit der Angaben des Antragstellers begründen.

(2) Hat das Bundesamt Zweifel an der Wahrheit der Angaben des Antragstellers über äußere Tatsachen (Absatz 1 Nr. 3), so muß es dem Antragsteller Gelegenheit geben, sich zu diesen ergänzend zu äußern und sie zu belegen. Eine darüber hinausgehende Tatsachenaufklärung findet durch das Bundesamt nicht statt.

§ 6 Ablehnung des Antrags

(1) Der Antrag ist abzulehnen, wenn die dargelegten Beweggründe das Recht auf Kriegsdienstverweigerung zu begründen nicht geeignet sind. Der Antrag ist auch abzulehnen, wenn er nicht vollständig ist (§ 2 Abs. 2) und der Antragsteller ihn nicht innerhalb einer Frist von vier Wochen nach Aufforderung durch das Bundesamt vervollständigt.

(2) Lehnt das Bundesamt den Antrag ab, so leitet es die Personalunterlagen dem zuständigen Kreiswehrersatzamt zu, nachdem die Entscheidung unanfechtbar oder rechtskräftig geworden ist.

§ 7 Verfahren bei begründeten Zweifeln

Über den Antrag entscheidet der Ausschuß für Kriegsdienstverweigerung gemäß den §§ 9 bis 15, wenn das Gesamtvorbringen des Antragstellers und die dem Bundesamt bekannten äußeren Tatsachen Zweifel an der Wahrheit der Angaben des Antragstellers begründen. Das Bundesamt leitet den Antrag dem zuständigen Ausschuß (§ 9) zu. Sind nach Auffassung des Ausschusses die Zweifel unbegründet, so entscheidet er nach Lage der Akten gemäß den Grundsätzen des § 5 Abs. 1.

§ 8 Spannungs- und Verteidigungsfall

Über Anträge der in § 4 Abs. 1 genannten Wehrpflichtigen wird im Spannungsfall (Artikel 80a des Grundgesetzes) und im Verteidigungsfall (Artikel 115a des Grundgesetzes) nach Vorschriften des Dritten Abschnitts entschieden. § 3 Abs. 2 gilt nicht.

Dritter Abschnitt:
Anerkennung von Soldaten

§ 9 Ausschüsse für Kriegsdienstverweigerung

(1) Über den Antrag eines Soldaten oder ungedienten Wehrpflichtigen, der zum Wehrdienst einberufen oder schriftlich benachrichtigt ist, daß er als Ersatz für Ausfälle kurzfristig einberufen werden kann, sowie eines gedienten Wehrpflichtigen entscheiden Ausschüsse für Kriegsdienstverweigerung (Ausschüsse) nach den Vorschriften dieses Abschnitts. Die Ausschüsse entscheiden auch in den Fällen des § 4 Abs. 2 sowie der §§ 7 und 8.

(2) Die Ausschüsse werden mit einem vom Bundesminister der Verteidigung bestimmten Vorsitzenden und zwei ehrenamtlichen Beisitzern besetzt. Der Vorsitzende muß zum Richteramt befähigt sein und das 28. Lebensjahr vollendet haben. Die Beisitzer müssen das 32. Lebensjahr vollendet haben und die Voraussetzungen der Berufung zum Amt eines Jugendschöffen erfüllen. Sie sollen über die erforderliche Lebenserfahrung und Menschenkenntnis verfügen.

(3) Die Beisitzer werden von den durch Rechtsverordnung der Landesregierung bestimmten kommunalen Vertretungskörperschaften in den kreisfreien Städten und Kreisen gewählt.

(4) Die Ausschüsse werden auf Anordnung des Bundesministers für Verteidigung für den Bezirk eines oder mehrerer Kreiswehrersatzämter bei Kreiswehrersatzämtern gebildet.

(5) Die Mitglieder der Ausschüsse sind an Weisungen nicht gebunden. Sie haben gleiches Stimmrecht. Über die ihnen bei der Ausübung ihres Amtes bekanntgewordenen Angelegenheiten haben sie Verschwiegenheit zu wahren.

(...)

§ 14 Entscheidungsgrundsätze der Ausschüsse

(1) Der Ausschuß hat den Antragsteller als Kriegsdienstverweigerer anzuerkennen, wenn zu seiner Überzeugung hinreichend sicher angenommen werden kann, daß die Verweigerung auf einer durch Artikel 4 Abs. 3 Satz 1 des Grundgesetzes geschützten Gewissensentscheidung beruht. Hat der Ausschuß diese Überzeugung nicht gewinnen können, so entscheidet er, daß der Antragsteller nicht berechtigt ist, den Kriegsdienst mit der Waffe zu verweigern.

(2) Der Ausschuß trifft seine Entscheidung nach einer persönlichen

Anhörung des Antragstellers, es sei denn, daß die Voraussetzungen des Absatzes 3 vorliegen. Der Antragsteller ist darauf hinzuweisen, daß er zu der Anhörung mit einem Beistand seiner Wahl erscheinen kann.

(3) Der Ausschuß kann den Antragsteller ohne persönliche Anhörung vor dem Ausschuß als Kriegsdienstverweigerer anerkennen, wenn er die nach Absatz 1 erforderliche Überzeugung aus dem Inhalt der ihm vorliegenden Akten gewinnen kann.

Runderlaß des Bundeswehrverwaltungsamtes vom 5. 10. 1990

Betr.: Durchführung des Kriegsdienstverweigerungsgesetzes;
hier: Entscheidung nach Aktenlage gemäß § 14 Abs. 3 KDVG.
... wurde bei der Überleitung des Kriegsdienstverweigerungsgesetzes auf das Gebiet der ehemaligen DDR im Zusammenhang mit dem Einigungsvertrag die folgende Vereinbarung getroffen:»Bisher entscheidet der Ausschuß für Kriegsdienstverweigerung nach dem dritten Absatz des Kriegsdienstverweigerungsgesetzes (sogenannte Soldatenfälle) in der Regel nach einer persönlichen Anhörung des Antragstellers und nur in Ausnahmefällen ausschließlich nach Lage der Akten (§ 14 Abs. 2 u. 3 Kriegsdienstverweigerungsgesetz). Dieses Regel-Ausnahme-Verhältnis soll mit dem Beitritt (der DDR, die Verf.) umgekehrt werden. Nur dann, wenn der Ausschuß im Einzelfall nicht vom Vorliegen einer durch Artikel 4 Abs. 3 Satz 1 des GG geschützten Gewissensentscheidung bereits nach Lage der Akten überzeugt ist, trifft er seine Entscheidung nach einer persönlichen Anhörung des Antragstellers. In keinem Fall darf der Ausschuß einen Antrag ohne persönliche Anhörung des Antragstellers ablehnen.«

Zurückstellung von Jugend- und Auszubildendenvertretern und Betriebsräten vom Zivildienst

Der Bundesbeauftragte für den Zivildienst hat mit Schreiben vom 8. 9. 1976 – 1 P – 7731/77831 – dem DGB mitgeteilt, daß er am 30. 8. 1976 folgende Anweisung an das Bundesamt für den Zivildienst in Köln gegeben hat:

»Zivildienstpflichtige, die dem Bundesamt für den Zivildienst erstmals mitteilen, daß sie als Jugendvertreter, Betriebsratsmitglied oder Personalratsmitglied gewählt wurden, sind, falls sie keinen gegenteiligen Wunsch äußern, für die Dauer ihrer Amtsperiode nicht zum Zivildienst heranzuziehen, wenn der personelle Bedarf durch andere Zivildienstpflichtige gedeckt werden kann. Ein bereits ergangener Einberufungsbescheid ist zu widerrufen, wenn ein anderer Zivildienstpflichtiger einberufen werden kann. Voraussetzung für die Nichtheranziehung ist, daß der Zivildienstpflichtige eine Bescheinigung der zuständigen Arbeitnehmervertretung vorlegt, aus der sich das Datum seiner Wahl und die Dauer seiner Amtszeit ergibt. Ist der Zivildienstpflichtige das einzige Mitglied der Jugendvertretung, des Betriebsrates oder des Personalrates, so ist eine entsprechende Bescheinigung des Betriebs oder der Behörde zu fordern.

Die Nichtheranziehung gilt nur für die Dauer der Amtszeit, für die der Zivildienstpflichtige dem Bundesamt erstmals seine Wahl angezeigt hat. Unerheblich ist, ob es sich um die erste oder eine weitere Amtszeit des Zivildienstpflichtigen in einer Jugendvertretung, einem Betriebsrat oder einem Personalrat handelt. Nach Ablauf dieser Amtszeit steht eine erneute Wahl für eine Arbeitnehmervertretung der Einberufung nicht mehr entgegen. Über die vorübergehende Nichtheranziehung zum Zivildienst sind die Zivildienstpflichtigen vom Bundesamt durch ein Schreiben zu unterrichten.«

Dokumente

Beschluß DGB-Bundeskongreß Mai 1990

1. Als Grundrecht der bundesdeutschen Verfassung gehört die Kriegsdienstverweigerung zu den Prinzipien einer demokratischen Gesellschaft.

Mehr noch: Es sollte nach unserer Auffassung weltweit zum geltenden Recht erhoben werden. Die Inanspruchnahme dieses Rechts darf weder verhindert noch erschwert werden.

2. Die Zahl der Verweigerungen darf nicht zum Kriterium der Anerkennungspraxis werden. Kriegsdienstverweigerung ist kein Recht zweiter Klasse und muß auch gelten, wenn sie als Folge individueller Entscheidungen in großer Zahl erfolgt. Weder Zusagen gegenüber der NATO über eine bestimmte Mannschaftsstärke der Bundeswehr, noch demographische Änderungen dürfen dieses Recht einschränken. Wehr- und Zivildienst dürfen in der zeitlichen Dauer nicht voneinander abweichen, beide Dienste sollen reduziert werden.

3. Die Informationsmöglichkeiten über das Recht auf Kriegsdienstverweigerung sind auszuweiten. Der breitgeförderten Werbung für die Bundeswehr muß die gleichgewichtige Information über die Möglichkeit der Kriegsdienstverweigerung gegenüberstehen. Dies schließt die Möglichkeit ein, in Schulen und anderen Bildungseinrichtungen über die Kriegsdienstverweigerung zu informieren. Es ist notwendig, zu der millionenschweren Werbung durch die Bun-

deswehr eine Gegenöffentlichkeit zu schaffen, um Jugendliche zu befähigen, ihr Recht auf Kriegsdienstverweigerung in Anspruch nehmen zu können.

Die Delegierten des DGB-Bundeskongresses begrüßen, daß von Einzelgewerkschaften Aufklärungsaktionen zum Recht auf Kriegsdienstverweigerung initiiert und durchgeführt werden. Die Delegierten des DGB-Bundeskongresses fordern die Durchführung regelmäßiger Informationsveranstaltungen zur Kriegsdienstverweigerung. Damit soll aufgeklärt und KDV-bereiten Kollegen konkrete Hilfestellung bei der Antragstellung gegeben werden. Wo möglich, soll die Zusammenarbeit mit KDV-Organisationen wie der DFG-VK, der Selbsthilfeorganisation der Zivildienstleistenden, der Evangelischen und Katholischen Arbeitsgemeinschaft KDV, der Katholischen Jungen Gemeinde genutzt und ausgebaut werden. Diese Aktivitäten könnten im Rahmen von Sprechstunden in den Verwaltungsstellen/DGB-Kreisen, im Rahmen von Wochenendseminaren oder Berufsschulaktionen organisiert werden.

4. Daß Kriegsdienstverweigerer in der öffentlichen Meinung mehr und mehr das Image der »Drückeberger« verlieren und positiv bewertet werden, wird von uns begrüßt. Zivildienststellen von Kriegsdienstverweigerern, meist im Bereich des öffentlichen Dienstes, treten mitunter in Kollision mit den gewerkschaftlichen Interessen der »normal« Beschäftigten. Zivildienstleistende dürfen nicht als »billige Arbeitskräfte« in Konkurrenz zu anderen abhängig Beschäftigten eingesetzt werden. Zivildienst muß zukünftig stärker bei aktiv arbeitenden Friedensorganisationen oder -institutionen geleistet werden. Solange dieses Ziel nicht erreicht ist, sehen wir in der beschriebenen Interessenkollision dennoch keinen Grund, das Verweigerungsrecht irgendwie zu mindern.

5. Die Erfahrungen in der Geschichte des KDV-Rechts verdeutlichen, daß insbesondere konservative und reaktionäre Politik ständig versucht, das KDV-Recht auszuhebeln. Dies wird u. a. sichtbar in der zunehmenden militärischen Verplanung von Verweigerern, der Verharmlosung historischer Wahrheiten durch Begriffsverwischung wie »Wehrdienstverweigerung« statt Kriegsdienstverweigerung. Dies geschieht aber auch, wenn unter dem Deckmantel der »Harmonisierung« des EG-Rechts darüber nachgedacht wird, den Zivildienst zu einem Dienst ohne Waffen im Rahmen der Verteidigungsbereitschaft umzufunktionieren, sowie bis auf ein Maß des 1 1/2-fachen gegenüber dem Wehrdienst zu verlängern. Die Entscheidung zur Wehrpflicht wird zum Prinzip, die Kriegsdienstverweigerung zur Ausnahme erhoben. Im Interesse von Herrschaftssicherung soll mit dieser Ideologie, insbesondere dem bei Jugendlichen schwindenden Feindbild und der damit zusammenhängenden Legitimationskrise der Bundeswehr entgegengewirkt werden.

6. Die Mitgliedschaft in unserer Organisation ist nicht mit einem Bekenntnis für oder gegen die Bundeswehr bzw. den Zivildienst verbunden. Alle subjektiven Entscheidungsgründe politischer, ethischer, moralischer, sozialer oder religiöser Natur werden von uns akzeptiert. Kriegsdienstverweigerung ist eine Entscheidung aus Gewissensgründen: Eine Überprüfung des Gewissens ist nicht möglich und daher sind alle entsprechenden Versuche zur Überprüfung abzulehnen. Wir streben real eine Welt mit stetig weniger Waffen und weniger Soldaten an, unser Ziel ist eine entmilitarisierte Gesellschaft.

7. Soldaten werden von uns nicht diskriminiert. Wir bemühen uns verstärkt um Kontakte. Das Verhältnis zur Bundeswehr ist mit der

gemeinsamen Erklärung von 1981 zwischen Bundeswehr und DGB bereits dargelegt worden. Wir werden uns mit den Soldaten für eine Demokratisierung der Bundeswehr und für den weiteren Ausbau der Rechte der Soldaten einsetzen.

Gleichzeitig halten wir es auch für wichtig, mit ihnen über militärische Strategien zu diskutieren. Die Reduzierung von Waffen und der Abbau der Anzahl der Soldaten ist eine politische Entscheidung und wird dementsprechend von uns mit politischen Mitteln angestrebt.

8. Die allgemeinen Abrüstungsbemühungen, die Veränderung der politischen Systeme in den mittel- und osteuropäischen Ländern und vor allem die angekündigten und z. T. vollzogenen Truppenreduzierungen im Osten müssen auch durch die Bundesrepublik im Sinne von personellen Abrüstungsmaßnahmen beantwortet werden. Damit würden auch Gelder für andere, gesellschaftlich nützlichere sinnvollere Aufgaben frei werden.

Im Hinblick auf die aktuelle Diskussion einer zukünftigen Sicherheitspolitik und die Rolle der Bundeswehr wird der DGB-Bundesvorstand aufgefordert, einen Diskussionsprozeß zu initiieren, um eine gewerkschaftliche Standortbestimmung im Sinne eines Neuen Denkens anzustreben.

Jährlich werden ca. 200 000 junge Männer zum Wehrdienst eingezogen, d. h. Herauslösung aus dem sozialen Umfeld und Ausstieg aus dem Beruf bzw. Zurückstellung des beruflichen Fortkommens.

Die Möglichkeiten des Vertrauensmannes bzw. der Interessenvertretung der Soldaten sind nach wie vor völlig unzureichend. Die Mißstände beim Bund, vor allem die unzureichende materielle und soziale Versorgung der Wehrpflichtigen, wird in der öffentlichen bzw. politischen Auseinandersetzung bisher nur durch den Bericht des Wehrbeauftragten aufgegriffen.

9. Die Delegierten des DGB-Bundeskongresses fordern:

- die zeitliche Ungleichbehandlung des Zivildienstes gegenüber dem Wehrdienst aufzuheben;
- jede Form der Gewissensprüfung für Kriegsdienstverweigerer endgültig abzuschaffen;
- den Wehr- und Zivildienst auf ein Maß von zunächst 12 Monaten zu reduzieren und insgesamt eine erhebliche Truppenreduzierung vorzunehmen;
- die materielle und soziale Situation und die Rechte der Soldaten und Zivildienstleistenden erheblich zu verbessern und Formen der wirksamen Mitbestimmung sowie Möglichkeiten des Zugangsrechts von Interessenvertretern (wie Gewerkschaften) zu ermöglichen. Ebenso ist es notwendig, die Betreuungsarbeit der Wehrpflichtigen und Zivildienstleistenden zu verbessern. Diesbezüglich bestehen erhebliche Defizite in unserer Arbeit (Aufrechterhaltung der Kontakte, Informationsweitergabe, Einbeziehung in Aktionen, Aufgreifen der Mißstände im Bund etc.).

Die Delegierten des DGB-Bundeskongresses beauftragen den DGB-Bundesvorstand:

- Arbeitshilfen und Informationsmaterialien zu erstellen, Zielgruppeninformationen, z. B. ›ran-extra‹, zu jedem Einberufungsquartal herauszugeben,
- Erfahrungen bestehender Wehrpflichtigenbetreuung zu dokumentieren und entsprechende Projekte zu initiieren, eine Gesetzesinitiative zur Verbesserung der materiellen, sozialen und rechtlichen Situation der Wehrpflichtigen zu starten.

10. In den Überlegungen und Aktionen zur Entrüstung und zur Schaffung und Sicherung von Frieden, sollen folgende Schwerpunkte gesetzt werden:

- Inhaltliche Aufarbeitung der Problemlagen von Gewalt, Drohung und Krieg zwischen Nationen oder Interessengruppen. Ökonomische, ideologische, strukturelle und personale Gründe sind dabei gleichermaßen zu berücksichtigen. Wir werden verstärkt nach Möglichkeiten suchen, um gegen Rüstungsproduktion und Rüstungsexport, für Abrüstung und für das Ende aller aktuellen Kriege einzutreten.
- Förderung und Weiterentwicklung der Rüstungskonversion, der internationalen Kontakte und einer nicht-nationalen Perspektive.
- Aktivitäten und Verbreitung unserer Positionen und Forderungen, in Zusammenarbeit mit der Friedensbewegung.

Beschluß der IG Metall auf dem Gewerkschaftstag Oktober 1989

Im Sinne der Satzung § 2 ... antimilitaristischer Auftrag ... hat sich die IG Metall seit jeher für das Recht auf Kriegsdienstverweigerung engagiert. Mit dem grundgesetzlich verankerten Recht der Kriegsdienstverweigerung wurden Konsequenzen aus der Vergangenheit gezogen, um dem historischen Massenschlaf ein »Gewissen vieler« entgegenzustellen. Die Delegierten des 16. Gewerkschaftstages unterstützen die gemeinsame Informations- und Aufklärungskampagne, denn nur eine gezielte Informationsarbeit kann dazu beitragen, daß das Recht auf Kriegsdienstverweigerung lebendig ist und nicht nur auf Papier steht. Insbesondere bei jungen Menschen vollzieht sich ein radikaler Bewußtseinswandel; gegen die Politik der Hochrüstung entsteht eine immer tiefere Abneigung. Ein Indiz hierfür sind die in den letzten Jahren rasch gestiegenen Kriegsdienstverweigerungszahlen, nach denen mittlerweile jeder fünfte Jugendliche eines Musterungsjahrganges das Recht auf Kriegsdienstverweigerung in Anspruch nimmt. Im März 1989 konnte der millionste Verweigerer seit Aufstellung der Bundeswehr 1956 begrüßt werden. Dennoch zeigen Untersuchungen und Statistiken, daß bei vielen Jugendlichen erhebliche Informationsdefizite vorhanden sind. Eine Befragung 17- bis 18jähriger Jugendlicher hat ergeben, daß selbst potentielle Verweigerer erhebliche Wissenslücken aufweisen (Gesellschaft für präv. Sozialpolitik):

- 91 % kennen nicht alle Tätigkeitsfelder im Zivildienst;
- 13 % lediglich kennen die zur Verweigerung notwendigen Unterlagen;
- 68 % müssen in Unkenntnis der derzeitigen Anerkennungsquote ihre Entscheidung treffen;
- 60 % der Jugendlichen wissen nicht, wie lange der Zivildienst dauert, den sie absolvieren wollen. Ebenso ist zu verzeichnen, daß überwiegend Jugendliche mit höherem Bildungsabschluß den Kriegsdienst verweigern. Diesem mit der Verfassung nicht in Einklang zu bringenden Zustand, daß die Wahrnehmung eines Grundrechts von den Bildungschancen abhängt, kann nur durch Aufklärung/Information begegnet werden. Hinzu kommt, daß sich viele Jugendliche aus Opportunitätsgründen für die Bundeswehr entscheiden und damit eine Gewissensverdrängung stattfindet. Nach der zitierten Befragung befürchten jene, die sich in ihrer Orientierung für den Bund entschieden haben, zu
- 28 % Nachteile für ihre berufliche Zukunft, wenn sie verweigern;
- 27 % ist das Anerkennungsverfahren zu kompliziert;
- 23 % glauben beim Prüfungsverfahren nicht durchzukommen;

- 63 % meinen, ihre Ausbildungs- und Berufsziele beim Zivildienst nicht verwirklichen zu können;
- und immerhin 45 % lehnen die Verteidigungsdoktrin der Bundeswehr ab. Demnach haben zwei Drittel der jungen Männer, die beabsichtigen zum Bund zu gehen, Bewußtseinsstrukturen wie potentielle Verweigerer (Gesellschaft für präv. Sozialpolitik). Es ist notwendig, zu der millionenschweren Werbung durch die Bundeswehr eine Gegenöffentlichkeit zu schaffen, um Jugendliche zu befähigen, ihr Recht auf Kriegsdienstverweigerung in Anspruch nehmen zu können. Deshalb fordern die Delegierten des 16. ordentlichen Gewerkschaftstages die Durchführung regelmäßiger Informationsveranstaltungen zur KDV. Diese sollen das Ziel haben, sowohl aufzuklären über die Möglichkeiten der KDV als auch KDV-bereiten Kollegen konkrete Hilfestellung bei der Antragstellung zu geben. Wo möglich, soll die Zusammenarbeit mit der DFG-VK und anderen KDV-Organisationen wie der Selbsthilfeorganisation der Zivildienstleistenden, der evangelischen Arbeitsgemeinschaft und katholischen Arbeitsgemeinschaft für KDV der Katholischen Jungen Gemeinde genutzt und ausgebaut werden. Interessierte Mitglieder sollten die Beratungsangebote der örtlichen KDV-Gruppen nutzen. Hierzu könnten gegebenenfalls mit KDV-Organisationen Sprechstunden in der Verwaltungsstelle organisiert, Berufsschulaktivitäten oder Wochenendseminare durchgeführt werden.

Der längere Zivildienst gegenüber dem Wehrdienst widerspricht eindeutig dem Grundgesetz. Bevor es noch den Wehrdienst gab, haben die Väter und Mütter des Grundgesetzes das Recht auf Kriegsdienstverweigerung ausdrücklich als Grundrecht in die Verfassung aufgenommen. Der Artikel 12a, der die Wehrpflicht regelt, ist erst später hinzugekommen. Er sieht zwar die Möglichkeit einer Dienstverpflichtung vor, doch hat die Wehrpflicht selbst damit keinen Verfassungsrang erhalten; sie beruht nur auf dem Wehrpflichtgesetz. Mit der Aufnahme des Artikels 12a (2) erfolgte die Bekräftigung der Kriegsdienstverweigerung in der Weise, daß zusätzlich der Grundsatz festgelegt wurde, daß der Zivildienst nicht länger als der Wehrdienst andauern darf. Zudem wird mit der Ungleichbehandlung der Zivildienstleistenden gegen Artikel 3 des Grundgesetzes verstoßen. Demnach darf niemand wegen seines Glaubens, seiner religiösen oder politischen Anschauung benachteiligt werden. Die Bundesverfassungsgerichtsentscheidung vom April 1985 zum längeren Zivildienst bedeutet somit keineswegs Verfassungswahrheit.

Die nach wie vor angewandte Gewissensprüfung für alle Kriegsdienstverweigerer ist mit dem Charakter eines Grund- und Menschenrechts unvereinbar. Nach der derzeitigen Praxis:

- besteht die Möglichkeit, Antragsteller abzulehnen;
- müssen sich Soldaten oder Reservisten, die einen KDV-Antrag stellen, einem Prüfungsverfahren unterziehen.

Mit dem Festhalten der herrschenden Politik an der viel zitierten Präsenzstärke von 495 000 Soldaten wird nach wie vor an den ideologisch beeinflußten Vorstellungen des »Kalten Krieges« aus den 50er Jahren festgehalten. Zudem wurde in den letzten Jahrzehnten durch Modernisierungsprogramme der Waffensysteme die Vernichtungskapazität erheblich gesteigert, so daß auch unter diesem Gesichtspunkt das starre Festhalten an der Präsenzstärke nicht zu rechtfertigen ist. Die allgemeinen Abrüstungsbemühungen und vor allem die angekündigten und zum Teil vollzogenen Truppenreduzierungen im Osten müssen durch die Bundesrepublik im Sinne von personellen Abrüstungsmaßnahmen beantwortet werden. Damit würden auch Gelder für andere, gesellschaftlich nützlichere und sinnvollere Aufgaben frei werden. Nach Berechnungen von Sozialwissenschaftlern hätte die zunächst aufgesetzte Wehrzeitverlängerung um drei Monate den Steuerzahler für den Zeitraum bis 1995 zusätzlich 21 Milliarden DM gekostet. (Untersuchung B. Grass)

Jährlich werden ca. 200 000 junge Männer zum Wehrdienst eingezogen. Das heißt Herauslösung aus dem sozialen Umfeld und Ausstieg aus dem Beruf bzw. Zurückstellung des beruflichen Fortkommens. Das Prinzip von Befehl und Gehorsam bei der Bundeswehr steht den demokratisch geprägten Erziehungsaufgaben entgegen. In diesem Sinne sind die Möglichkeiten des Vertrauensmannes bzw. der Interessenvertretung der Soldaten nach wie vor völlig unzureichend. Die Mißstände beim Bund, vor allem die unzureichende materielle und soziale Versorgung der Wehrpflichtigen, wird in der öffentlichen bzw. politischen Auseinandersetzung nur durch den Bericht des Wehrbeauftragten aufgegriffen.

Die Delegierten des 16. ordentlichen Gewerkschaftstages fordern Bundesregierung und Bundestag auf:

- die zeitliche Ungleichbehandlung des Zivildienstes gegenüber dem Wehrdienst (Ein-Drittel-Regelung) aufzuheben;
- jede Form der Gewissensprüfung für alle Kriegsdienstverweigerer endgültig und ersatzlos abzuschaffen;
- den Wehr- und Zivildienst auf ein Maß von zunächst 12 Monaten zu reduzieren und insgesamt eine erhebliche Truppenreduzierung vorzunehmen;
- die materielle und soziale Situation als auch die Rechte der Soldaten erheblich zu verbessern und Formen der wirksamen Mitbestimmung sowie Möglichkeiten des Zugangsrechts von Interessenvertretern (wie Gewerkschaften) zu ermöglichen.

Die Delegierten des 16. ordentlichen Gewerkschaftstages verurteilen jegliche Bestrebungen im Rahmen der Harmonisierung des EG-Rechts, das KDV-Recht weiter auszuhöhlen und zu einer »lästigen Alternative« umzufunktionieren.

Die Delegierten des Gewerkschaftstages fordern den Vorstand auf:

- Informationsmaterialien in ausreichender Anzahl für alle Verwaltungsstellen zur Verfügung zu stellen (KDV-Broschüren, Faltblatt, Videos etc.).
- die KDV-Broschüre in das Buchpaket des Jugend-I und JAV-Seminars aufzunehmen;
- über entsprechende Aktivitäten im Rahmen der Kampagne, insbesondere in den gewerkschaftlichen Medien, zu berichten;
- in Kooperation mit der DFG-VK und anderen KDV-Organisationen öffentlichkeitswirksame Veranstaltungen durchzuführen. Ebenso muß die Betreuungsarbeit der Wehrpflichtigen und Zivildienstleistenden verbessert werden. Hierzu sind gegebenenfalls in Kooperation mit dem DGB entsprechende konzeptionelle Überlegungen zu erarbeiten. Hierin könnten unter anderem einfließen:
- Arbeitshilfen für Funktionäre;
- Zielgruppeninformationen, z.B. ran-Extra/metall-Extra zum Einberufungsquartal;
- regelmäßige Zusendung gewerkschaftlicher Materialien wie METALL in Kasernen;
- Aufbau und Unterstützung von Arbeitskreisen zur Betreuung und Beratung;
- Gesetzesinitiative zur Verbesserung der materiellen, sozialen sowie rechtlichen Situation der Wehrpflichtigen.

Die Delegierten des 16. ordentlichen Gewerkschaftstages fordern den Vorstand auf, das Buch »Ich muß zum Bund« wieder in das Buchpaket für JAV-Seminare und Jugend I aufzunehmen.

Für Frieden, Gerechtigkeit und eine menschenwürdige Zukunft

(Grundsatzprogramm der DFG-VK)

Präambel

Die Deutsche Friedensgesellschaft – Vereinigte KriegsdienstgegnerInnen ist eine pazifistische Organisation.

In ihr haben sich Menschen unterschiedlicher Weltanschauung und politischer Auffassung zusammengeschlossen, die ihre Verantwortung für eine menschenwürdige Zukunft erkennen und ernst nehmen wollen.

Geschichte

Ihr Pazifismus ist entstanden aus dem menschlichen Entsetzen über die Greuel des Krieges und aus historischer und politischer Einsicht in die Ausweglosigkeit der Versuche kriegerischer Konfliktlösung.

Er hat seinen geschichtlichen Ursprung insbesondere im Humanismus, in der bürgerlichen Friedensbewegung, der Bewegung der Kriegsdienstverweigerung und der Frage nach den gesellschaftlichen Ursachen von Krieg und Gewalt.

Die Mitglieder der DFG-VK bekennen sich zur Grundsatzerklärung der War Resisters' International (WRI):

»Der Krieg ist ein Verbrechen an der Menschheit. Ich bin daher entschlossen, keine Art von Krieg zu unterstützen und an der Beseitigung aller Kriegsursachen mitzuarbeiten.«

Ziele

Pazifismus bedeutet für die DFG-VK das Streben nach gewaltfreien Formen der Konfliktlösung. Daher wollen wir gesellschaftliche und ökonomische Gewaltverhältnisse in ihren Ursachen erkennen und abschaffen. Wir wollen dazu beitragen, daß künftig die Menschen ihr Zusammenleben gewaltfrei organisieren. Nur in einem solchen Prozeß läßt sich Frieden verwirklichen.

Denken und Handeln der PazifistInnen in der DFG-VK zielen auf die Beseitigung aller Kriegsursachen und richten sich zunächst gegen Rüstung und Militärpolitik. Diese bereiten die Vernichtung menschlichen Lebens vor oder führen sie aus. Sie verhindern die Lösung dringender globaler Probleme wie Armut, Ungerechtigkeit oder Umweltzerstörung. Es ist unser Ziel, daß militärische Gewalt und Soldatentum geächtet und aus den internationalen Beziehungen verbannt werden. Konflikte können dauerhaft nur gewaltfrei gelöst werden.

Wir fordern die vollständige weltweite Abrüstung unter demokratischer Kontrolle der Bevölkerung, weil die Kriegsgefahr erst dann gebannt werden kann, wenn die Mittel der Kriegsführung beseitigt sind.

Wir treten ein für eine Bundesrepublik ohne Armee. Wir wollen ohne Rüstung leben.

Für uns PazifistInnen bedeutet Frieden die Verwirklichung von politischer, sozialer und ökonomischer Gerechtigkeit auf der ganzen Welt. Untrennbar damit verbunden ist der Erhalt der natürlichen Lebensgrundlagen und der schonende Umgang mit nicht erneuerbaren Ressourcen. Denn ökonomische Gewaltverhältnisse, wie die derzeitige, auf Ausbeutung beruhende Weltwirtschaftsordnung, Umweltzerstörung und Verschwendung von Rohstoffen, erzeugen neue Kriegsgefahren und gefährden menschliches Leben.

Der politische Pazifismus propagiert kein spezifisches politisches oder soziales System. Wir erkennen aber als entscheidende Kriterien für die Fortentwicklung von Politik und Gesellschaft die Durchsetzung der Menschenrechte, die innergesellschaftliche Toleranz und den Schutz von Minderheiten sowie den Abbau struktureller Gewalt. Dazu gehören eine maximale Beteiligung aller an politischen Entscheidungen und die umfassende Demokratisierung politischer Strukturen. Wir fordern nicht nur die formale Gleichberechtigung von Frauen und Männern, sondern den Abbau patriarchaler Gewaltstrukturen, die auch durch die Sozialisation von Männern innerhalb des Militärs zementiert werden.

Nationalistische und rassistische Ideologien lehnen wir als menschenverachtend und gewalterzeugend ab.

Gewaltfrei ...

Aus der Überzeugung, daß sich Mittel und Ziel entsprechen müssen, verfolgt die DFG-VK ihre politischen Ziele ausschließlich mit gewaltfreien Mitteln; diese schließen die Verletzung und Tötung von Menschen aus und zielen auf die Konfliktlösung durch Dialog.

Gewaltfreie Methoden, wie zum Beispiel verschiedene Formen der Verweigerung, ziviler Ungehorsam, direkte gewaltfreie Aktion, orientieren sich an der moralischen Legitimität der Ziele und Mittel, nicht an der formalen Legalität.

... politisch handeln ...

Der Pazifismus der DFG-VK verlangt dauerhaftes politisches Handeln mit dem Ziel, Bedingungen für eine Welt ohne Krieg und Unterdrückung zu schaffen. Das bedeutet:

- die öffentlichkeitswirksame Propagierung von Abrüstung mit dem Ziel der völligen Entmilitarisierung;
- die Förderung von antimilitaristischem Bewußtsein mit dem Ziel der völligen Ächtung des Soldatentums;
- die öffentliche Diskussion über die Aufgabe von Soldaten: Das Töten im Krieg;
- die internationale Zusammenarbeit mit dem Ziel, Alternativen zu militärischen und gewaltfördernden Strukturen zu entwickeln und durchzusetzen.

... Kriegsdienste verweigern ...

Die DFG-VK erachtet die Verweigerung aller militärischen und nichtmilitärischen Kriegsdienste als einen wichtigen und konkreten Beitrag gegen Krieg und Kriegsvorbereitung. Wir lehnen die Wehrpflicht und staatliche Zwangsdienste ab und unterstützen die Totalverweigerer.

Kriegsdienstverweigerung kann ein Ausgangspunkt für ein Engagement in der Friedensbewegung sein und zur Politischen Kraft werden.

Wir setzen uns ein für das uneingeschränkte Menschenrecht auf Kriegsdienstverweigerung.

... und sich organisieren!

Um unsere Fähigkeiten und Kräfte zur Verwirklichung der genannten Ziele zu bündeln und unsere Bereitschaft zum persönlichen Einsatz politisch wirksamer werden zu lassen, haben wir uns in der DFG-VK organisiert. Die Mitgliedschaft bedeutet ein Mehr an Verbindlichkeit in der Friedensarbeit und gemeinsame Verantwortung.

Pazifismus, wie ihn die DFG-VK versteht, muß seine Unabhängigkeit gegenüber Regierungen und anderen Institutionen behaupten und bewahren.

Wir fühlen uns mit Menschen und Gruppen mit ähnlicher Zielsetzung in unserem und in anderen Ländern verbunden und verstehen uns als Teil einer weltweiten Bewegung für Frieden, Gerechtigkeit und eine menschenwürdige Zukunft.

(Beschlossen vom Bundeskongreß 1993 in Kassel)

Adressen

IG Metall Vorstand
Abteilung Jugend
Lyoner Str. 32
60528 Frankfurt
Telefon: 069/6693–2260
Die IG Metall gewährt ihren Mitgliedern auch im KDV-Verfahren Rechtsschutz.

Gewerkschaft ÖTV
Theodor-Heuss-Str. 2
70174 Stuttgart
Telefon: 0711/2097-0
Zivildienstleistende, die noch nicht gewerkschaftlich organisiert sind, können Mitglied der Gewerkschaft Öffentliche Dienste, Transport und Verkehr werden. Sie haben dann Anspruch auf Rechtsschutz in allen Streitfragen, die ihr Dienstverhältnis betreffen.

Deutscher Gewerkschaftsbund
Abteilung Jugend
Hans-Böckler-Str. 39
40476 Düsseldorf
Telefon: 0211/4301-0

Deutsche Friedensgesellschaft –
Vereinigte KriegsdienstgegnerInnen
Schwanenstr. 16
42551 Velbert
Telefon: 0 20 51/42 17
Die DFG-VK ist die größte Organisation von KDV und ZDL in der Bundesrepublik. Bundesweit bietet sie in vielen Orten Beratungsabende und Informationsveranstaltungen an. Telefonische Informationen Mo.–Do. 9–16 Uhr.

DFG-VK Bildungswerk NRW e. V.
Braunschweiger Str. 22
44145 Dortmund
Telefon: 02 31/81 80 32
Das DFG-VK Bildungswerk NRW vermittelt ReferentInnen, verleiht Videos und Tondiaserien zu Friedensthemen und vertreibt friedenspädagogische Bildungsmaterialien.

Pazifix
Materialversand der DFG-VK
Alberichstr. 9
76185 Karlsruhe
Telefon: 07 21/5 52 27-0

Zentralstelle für Recht und Schutz der Kriegsdienstverweigerer aus Gewissensgründen
Dammweg 20
28211 Bremen
Telefon: 04 21/34 00 25
Fax: 04 21/347 96 30

Evangelische AG für KDV (EAK)
Carl-Schurz-Str. 17
28209 Bremen
Telefon: 04 21 / 34 40 37

Katholische AG für KDV (K.A.K.)
Carl-Mosterts-Platz 1
40477 Düsseldorf
Telefon: 02 11 / 4 69 31 08

Selbstorganisation der Zivildienstleistenden (SOdZDL)
Vogelsbergstr. 17
60316 Frankfurt
Telefon: 069 / 4 98 03 94

Kampagne gegen Rüstungsexport
Bahnhofstr. 18
65510 Idstein
Telefon: 0 61 26 / 5 46 60

medico international
Obermainanlage 7
60314 Frankfurt
Telefon: 069 / 9 44 38-0
medico international hat u. a. Materialien über den Export und den Einsatz von Landminen zusammengestellt

RechtsanwältInnen
Die örtlichen Gliederungen von IG Metall und DFG-VK können AnwältInnen empfehlen, die sich in der Problematik »Kriegsdienstverweigerung« oder »Arbeitsrecht« auskennen.

Kreiswehrersatzamt
siehe örtliches Telefonbuch

Bundesamt für den Zivildienst (BAZ)
Sibille-Hartmann-Str. 2–6
50969 Köln
Telefon: 02 21 / 36 73-1

Literaturhinweise

KDV und Zivildienst

Bernd Oberschachtsiek: Aktiv gegen oliv – Leitfaden für Kriegsdienstverweigerer, Köln 1993

Jan Brauns: Handbuch für Zivildienstleistende, Köln 1990
Beck-Texte: Wehrpflicht und Soldatenrecht

Rüstungsproduktion und Konversion

IG Metall: Arbeitsprogramm Rüstungskonversion, Frankfurt/M. 1991

IG Metall, Bezirksleitung Hamburg: Alternative Produktion: Das Schiff der Zukunft aus Arbeitnehmersicht, Hamburg 1990

Lutz Köllner, Burkhardt J. Huck (Hrsg.): Abrüstung und Konversion, Frankfurt/New York o. J.

Die Arbeitskreise »Alternative Produktion Küste« geben in Kooperation mit der IG Metall-Bezirksleitung Küste einen regelmäßigen Rundbrief im Broschürenformat heraus. Kontaktadresse:
Lutz Oschmann TBS S-H, Wischhofstr. 3, 24148 Kiel
Tel. 0431/7297787 Fax. 0431/7297464

Stichwortverzeichnis

A

Abrüstung 47
Abschreckungsdoktrin 59
Adenauer, Konrad 16, 18, 19
Alternative Produktion 74
Anerkennungsverfahren 24, 91
Anhörung 25
Antikommunismus 37
Antrag 88
Arbeitsplätze 55
Arbeitsplatzvernichter 127
Arbeitssicherstellungsgesetz 108
Arbeitsverweigerung 85
Atomwaffen
   Atomwaffentests 46
Ausbildungsplätze 55
Ausländer 133
Ausschuß für Kriegsdienstverweigerer 95

B

Baueinheiten 30
Bausoldat 29
Begründung 99

Beirat für den Zivildienst 132
Blauhelmeinsätze 38
Brenner, Otto 20
Buck, Hartmut H. und Gert H. 82
Bundesamt für den Zivildienst 91
Bundesverfassungsgericht 39
Bundeswehr 20, 37

D

DDR 20, 29
Demilitarisierung 71
Demokratie 50
Deserteure 136
DFG-VK 6, 23, 34, 56, 112, 132, 141
Dienstunterkunft 120
Domröse, D.L. 70
Doppelstaater 133
DPG 131
Dritte Welt 43, 52

E

Eberhard, Dr. Fritz 17
Einberufung 90
Einigungsvertrag 35
Einstein, Albert
  Gewerkschaftsbewegung 5
Entspannungspolitik 23
Essensgeld 126
Eurofighter 60
Europarat 136

F

Feindbild 37
Feindbilder 56
Frauen 108
Frieden 50
Friedensdienst 119
Friedensdividende 60
Führungszeugnis 98

G

Geißler, Dr. Heiner 22, 24
General von Manteuffel 18
Gesamtverteidigung
  Totale Kriegsdienstverweigerung 129
Gesetze 149
Gewerkschaften 128, 131

Gewissensentscheidung
  Gewissen 103
  Gewissensnot 103
  KDV-Beratung 99
Gewissensprüfung 25
Golfkrieg 45
Gölhan, Mehmet 67
Gorbatschow 37
Grundgesetz 14, 16, 17, 149
Grundrecht 14
GTB 131

H

HBV 131
Heimschlaferlaubnis 120
Heuss, Dr. Theodor 16

I

IG Medien 131
IG Metall 6, 54, 74, 131
IG-Metall-Jugend 141
Individuelle Schwerstbehindertenbetreuung 122

J

Jugendoffizier 112
Jugoslawien 45

K

Kalter Krieg 18
Karahasan, Yilmaz 53, 138
Klemmer, Paul 44
Kohl, Helmut 11
Kolbow, Walter 50
Konversion 44, 71
Krieg 14, 48
Kriegsdienstverweigerer 87
Kriegsdienstverweigerung 5, 6
Kriegsdienstverweigerungsgesetz 150
Krisenreaktionskräfte 42, 49
KSZE 37
Kuhlmann, R. 74

L

Lebenslauf 98

M

de Maizière, Lothar 35
Marienfeld, Claire 25
Massenarbeitslosigkeit 54
Matthäus-Meier, Ingrid 43
Mediation 51
Menschenrechte 50
Metzger, Oswald 43
Mitbestimmung 128

Mobile Soziale Hilfsdienste 123
Musterung 87

N

Nationale Volksarmee 20
NVA 29
NATO 20, 39
Naumann 42
Notwehr 106

O

OSZE 37
ÖTV 131

P

Parlamentarischer Rat 16
Pazifismus 57
Personal- und Betriebsräte 130
Pflegedienst 119, 122
Prüfungsverfahren 21

R

Rechtsextremismus 41
Rechtsschutz 131
Remilitarisierung 18
Rexrodt, Günter 61
Ruanda 45

Rühe, Volker 38, 49, 60
Runderlaß des Bundeswehrverwaltungsamtes 156
Rüstungsausgaben 60
Rüstungsexport 60
Rüstungsindustrie 60
Rüstungskonversion 73

S

Schmid, Carlo 15
Schultze-Rhonhof, Gerd 25
Schwesternhelferinnenkurs 109
Seth, James Gustave 69
SOdZDL 128, 132
Sold 126
Soldaten und Reservisten 95
Soldatinnen 110
Somalia 38, 45
Soziale Verteidigung 49
Speidel 18
Strauß, Franz Josef 15, 19

T

Tauglichkeit 115
Tauglichkeitsstufen 90
Totalverweigerer 34
Tucholsky, Kurt 57
Türkei 67, 137

U

Umweltschutz 125
UN 37
Ungerechtigkeit 52
Unterhaltssicherungsbehörde 126

V

Verteidigungsministerium 38
Verteidigungspolitische Richtlinien 49
Vertrauensmann 130
Volkskammer 29
Vorstrafen 102

W

Warschauer Vertrag 20, 29
Wehrdienstverkürzung 28
Wehrgerechtigkeit 28
Wehrpflicht 20, 30
Wehrpflichtgesetz 13
Wehrpflichtiger 13
Weltwirtschaftsordnung 44
Wieczorek-Zeul, Heidemarie 38
Wiederaufrüstung 15, 18
WRI 56
Wulf, Herbert 44

Z

Zivildienst 27
   Zivildienstleistender 114
Zivilschutz
   Zivildienstüberwachung 128

Zurückstellung 115, 157
Zweidrittelgesellschaft 54
Zwickel, Klaus 7
   Konversionsagentur 76
   Konversionsfonds 76
   Konversionskonferenz 76

Autorin und Autoren

Jan Brauns, Sozialarbeiter, aktiv in der Friedensarbeit der DFG-VK und des DFG-VK Bildungswerks NRW seit 1979

Hans Decruppe, Rechtsanwalt, ehemaliger Gewerkschaftssekretär; langjähriges Mitglied der DFG-VK

Stephan Eschler, Studienleiter an der Evangelischen Akademie Thüringen, war aktiv in der Friedensbewegung der DDR, Gründungsmitglied der DFG-VK in der DDR

Reinhard Hahn, Gewerkschaftssekretär, Abteilungsleiter Jugend beim Vorstand der IG Metall

Kathrin Vogler, Kriegsdienstverweigerin, Mitglied des Landesarbeitsausschusses der DFG-VK NRW

Klaus Zwickel, Werkzeugmacher, 1. Vorsitzender der IG Metall seit Oktober 1993

Ratgeber aus dem Bund-Verlag

286 Seiten, kartoniert

200 Seiten, kartoniert

126 Seiten, kartoniert

144 Seiten, kartoniert

136 Seiten, kartoniert

184 Seiten, kartoniert

277 Seiten, kartoniert

149 Seiten, kartoniert

156 Seiten, kartoniert

Ratgeber aus dem Bund-Verlag

216 Seiten, kartoniert

291 Seiten, kartoniert

190 Seiten, kartoniert

236 Seiten, kartoniert

239 Seiten, kartoniert

238 Seiten, kartoniert

174 Seiten, kartoniert

118 Seiten, kartoniert

168 Seiten, kartoniert